日韓記者・市民セミナー　ブックレット 5

東京2020　五輪・パラリンピックの顛末
——併録　日韓スポーツ・文化交流の意義——

＊目次＊

表紙写真：Wikimedia Comm

はじめに

日韓記者・市民セミナー ブックレット第5号は、「東京二〇二〇　五輪・パラリンピックの顛末」をテーマにしました。

トワ・エ・モワの「虹と雪のバラード」（一九七二年札幌冬季五輪テーマ曲）は、オリンピックを「きみの名を呼ぶ、きみの名を書く」と愛しい人に擬人化し、人々の憧憬を高らかに歌った名曲です。

その日から約五〇年後、今回の東京オリンピックは、多くの国民から賛同を得られませんでした。コロナ禍のせいだ、と一刀両断するには釈然としないモヤモヤ感は、過剰な商業主義が目についたからにほかなりません。

一九六四年の東京五輪は日本で最も雨が降らない日という統計から一〇月一〇日に決まったと聞いたことがありますが、今回は真夏の開催になりました。アスリートの健康問題よりも放映権にからむ利益を優先したからです。次々に明らかになった大会関係者の失態や差別言動も彼らが五輪運営に適材だったのかという疑問を国民に抱かせました。

先の東京五輪と明らかに違ったのは、外国にルーツをもつ日本選手の存在でした。多民族社会に変わりつつある現代日本の反映ですが、彼らにも誹謗中傷がある、と五月のある朝にＮＨＫが報じました。アメリカのプロバスケットリーグで活躍している八村塁選手の弟が、ＳＮＳ上に自身と兄に対する人種差別的なメッセージが書き込まれたというニュースです。

弟は「日本には人種差別がないと言っている人がいるが、こうやって差別発言をする人がいる」と語り、兄は「こんなの毎日のようにくるよ」と続けました。変わらないのは国籍至上主義や大和民族オンリーから抜け出せない偏狭な心の壁です。

谷口源太郎さんは「東京大会を決めた国際オリンピック委員会（ＩＯＣ）の見識の無さと招致した日本側のいい加減さ」を批判してきました。大会後、「人の命と尊厳を踏みにじってでも利益を追求するＩＯＣ路線によって、オリンピックの終焉が見えてきた」と警鐘を鳴らしています。

寺島善一さんは『評伝 孫基禎』を書いたきっかけとして、歴史修正主義者が日韓間の不幸な歴史を無かったことにしようとしている。孫さんがたどった人生、その事実を明らかにすることが歴史を歪曲、隠蔽する勢力に対して大きな対抗になる、と語っています。さらに、日本は孫さんの金メダルを日本のものだとして譲らない一方で、孫さんが亡くなった時に弔意すら示さなかった事実を紹介しながら、「勝利至上主義はオリンピック憲章違反だ」と批判しています。

澤田克己さんは「今の日本の若者には、日韓経済比較で日本一〇〇対韓国九二という韓国が見えている。韓国を対等と見る世代に比して、中高年世代はかつての貧しかった韓国のイメージを引きずり、上から目線になりがちだ」と分析した上で、「お互いに適正に評価できるようにならなければならない」と語っています。

二〇二一年八月二八日

一般社団法人ＫＪプロジェクト代表　裵哲恩（ペー・チョルン）

第１講　東京五輪・パラリンピックの顛末

●見えてきたオリンピックの終焉　＊ほか、詳しく知るための三つの論評＊

●ＪＯＣ（日本オリンピック委員会）の不可解な動き

谷口源太郎　――――スポーツ・ジャーナリスト

世界に広がるパンデミックのさなかに強行された東京五輪・パラリンピック。利益を求めて人の命と尊厳をとことん踏みにじるＩＯＣと、スポーツの熱情を政治に利用する政権の姿はおぞましいかぎり。

谷口源太郎さんは、ここに「ＩＯＣサマランチ路線の破綻」と「オリンピックの終焉」を指摘する。その内実を伝える論考と、二〇一九年一〇月に行われたセミナーの講演録を掲載します。

＊おことわり＊

本講「●見えてきたオリンピックの終焉」に掲載したのは、オリンピック閉幕後の本年八月一一日付『日刊ゲンダイ』と、隔月刊『放送レポート』二〇二〇年発行のうち二八四、二八六、二八七号に寄稿した原稿に加筆修正したものです。

●見えてきたオリンピックの終焉

二〇二一年八月一一日

東京オリンピックは、オリンピックを終焉へと近づける大会となった。新型コロナウイルスの感染拡大で緊急事態宣言が発せられるなかで人の命や尊厳を蔑《ないがし》ろにして大会は強引に開催された。そこまでするだけの価値、意義があるのか。誰のための、何のためのオリンピックなのか、そうした根源的な問いに、大会について最高の責任を負う国際オリンピック委員会（ＩＯＣ）のトーマス・バッハ会長は、一切応答しなかった。その背景に、市場経済での利益追求とそれを支えるための大会肥大化という、一九八八年ソウル大会以来、ＩＯＣが推し進めた基本路線の決定的な行き詰まりがあったのではなかろうか。

振り返れば、モスクワ大会ボイコットというオリンピックの大転機に立ち会った六代ＩＯＣ会長、ロード・キラニン卿（アイルランド人のジャーナリスト、在任期間一九七二年～一九八〇年）は、一九八〇年八月三日、モスクワ大会の閉会式で、「政治家の手によってオリンピックはズタズタに引き裂かれた。…」と悔し涙を流した。また、唯一の立候補都市ロサンゼルスとの一九八四年大会開催契約では、「ＩＯＣが将来になって後悔しかねないような契約を結んでしまった」と大いに悔やんだ。

その契約には、「ロサンゼルス市当局は法令でオリンピックへの公金支出を禁止したので、実業家の集まりである組織委員会が、大会が黒字になるように運営する」との項目が入っていた。要するに利潤を追求する企業によって大会を運営する、ということだ。ロサンゼルスが降りたら、オリンピックは存亡の危機に陥ることから、キラニンは、同項目に同意せざるを得なかったのだ。

かくして、ロサンゼルス大会では、徹底した商業主義導入により、一六日の大会期間に一億五〇〇〇万ドルの黒字を生み出した。

キラニンの後任に選ばれた第七代アントニオ・サマランチ会長（スペイン人、フランコ政権下のスポーツ庁長官、実業家、在任期間一九八〇年〜二〇〇一年）は、キラニンとは打って変わってロサンゼルスでの商業主義を称賛するとともに、一九八八年ソウル大会に向けて、オリンピック・ビジネスのIOC独占を目指して動き出した。その中で注目されたのは、スポーツ・マーケティング企業・ISL社（インターナショナル・スポーツ・アンド・レジャー社。資本金一〇〇万スイスフラン）との契約であった。同社は、スポーツグッズ・メーカー、アディダスのオーナーであるホルスト・ダスラーと電通とが共同出資して一九八二年に設立したものであった。

実はサマランチは、かつてファシズム政権下で活動したファシストという経歴を隠していた。そのサマランチが会長の座に就けたのは、ダスラーからの資金援助でIOC委員たちを買収できたからだと言われた。

サマランチは、IOCが定めたオリンピックのシンボルマークや標語、オリンピック大会のエンブレム、マスコット、ロゴなどを商業利用する権利を売るビジネスの独占権をISLに与える契約をした。ISLは、巨大な多国籍企業から資金を得るための国際的スポンサープログラム（TOP）に取り組んだ。

サマランチが狙ったもう一つの財源がテレビ放送権契約であった。IOCは、米国に拠点を置くIMG（インターナショナル・マネージメント・グループ）社とコンサルタント契約を結び、米国のNBCとの長期一括契約を実現させた。

オリンピック・ビジネスの促進を狙った大会の肥大化を目指すサマランチ体制のもとで莫大な収入を得るようになるとIOC内部に拝金主義が拡大、蔓延するようになり、倫理観は薄れ、贈収賄事件多発の要因となった。

一方でサマランチは、IOCでの独裁体制を固めるために、ダスラーを首領としサマランチも加わった「スポーツマフィア」（ワールドカップや世界選手権などに関する様々な利権を生み出す）といわれたメンバー、国際陸連会長・ネビオロ（イタリア）、国際サッカー連盟会長・アベランジェ（ブラジル）をIOC委員に取り込んだ。

その人事だけでもIOCの私物化と言えるが、その徹底ぶりを象徴したのが将来の会長に据えようと自分の息子、サマランチ・ジュニアをIOC委員にしたことだった。

言ってみれば、サマランチは良識派と評価されたジャック・ロゲを一期やらせ、次に自分の紹介でアディダスの弁護士をやったバッハ、その後にサマランチ・ジュニアという布石を打ったわけである。

そのサマランチ・ジュニアは着々と会長への地歩を固めているようで、副会長をつとめるとともに二〇二二年北京冬季大会の調整委員会委員長の要職に就いている。父親の布石通りに息子までIOC

会長を務めるようになれば、私物化の極みとして、ＩＯＣは国際社会から拒否されるに違いあるまい。

それでなくても、商業主義の徹底化により、ＩＯＣ委員たちは私利私欲に走り、組織の腐敗堕落をもたらし、テレビ局や、スポンサーを意識しての大会肥大化は、商品化（スリリングでエキサイティングなパフォーマンスを求められる）や勝利至上主義により選手から人間性を奪うとともにスポーツそのものを歪めてしまった。

それにもかかわらず、サマランチが会長を退任（二〇〇一年）した後も、現在にいたるまで、私物化はそのまま堅持されサマランチの敷いた路線を走り続けてきた。その結果、新型コロナの感染拡大という事態に直面した東京オリンピックで、人の命、尊厳をとことん踏みにじってでも利益を追求するサマランチ私物化路線に厳しい批判が浴びせられ、ＩＯＣの存在意義は根本から揺らぎ、オリンピックの終焉も見えてきた。


（初出：『日刊ゲンダイ』二〇二一年八月一一日）

▼前代未聞の一年延期で揺らぐ東京大会
人の命より開催を優先

新型コロナ・ウイルスのパンデミック（世界的大流行）によって、日本を含め世界の多くの人たちが生命の危機に晒《さら》されている深刻な事態に向き合おうともせずに、国際オリンピック委員会（ＩＯＣ）のバッハ会長、安倍晋三首相、森喜朗・大会組織委員会会長、小池百合子・都知事らは、東京オリンピックの開催に固執し続けた。

なぜ、なのか。安倍首相を動かしたのは、「一年間延期すべきだ」とのトランプ・米国大統領発言だった。一方、バッハ会長は、米国陸上競技連盟と米国水泳競技連盟をはじめノルウェー、ブラジル、スロベニアなどのオリンピック委員会などからの開催延期の要請を受け、再検討を迫られた。

オリンピアンたちも声を上げた。

リオデジャネイロ・オリンピックの女子棒高跳び優勝者・エカテリア・ステファニディ（ギリシャ）は、「ＩＯＣは練習を続けさせることで私たちや家族の健康、公衆衛生を危うくするのか」と。

女子アイスホッケー元カナダ代表の金メダリストでＩＯＣ委員のヘーリー・ウッケンハイザーは、「人類の状況を考えれば無神経かつ無責任。今回の危機は五輪より大きい」と。ボートで四大会連続優勝したマシュー・ピンセント（英国）は、「バッハ会長には申し訳ないが、鈍感で状況が読めていない。安全の確保と選手の練習や移動は両立しない。選手、関係者の安全を守るべきだ」と。次々に上がるこうした声にバッハ会長は、「予定通り開催」の方針を変更せざるを得なくなっていったと思われる。安倍首相も「一年程度の延期」へと動き出したと、二〇二〇年三月二六日付毎日新聞は、次のような経緯を報じた。

安倍首相は、三月二四日夜、首相公邸に森会長を招き、「一年程度の延期」を提案する意向を告げた。その後の安倍・森両氏のやりとり。〈「もし一年先に開催できなければ、政治的にも大変な状況になりますよ」。森氏は「二年延期という意見もあります」と告げながら、こう伝えた。仮に新型コロナウイルスの感染拡大が終息しなければ東京五輪は中止に追い込まれかねない。そうなれば、首相自身の責任がとわれ政権運営は大きく揺らぐ—との懸念からだった。ところが首相はワクチン開発は進んでいると説明し、「一年延期」にこだわった。〉

その直後、安倍首相は、バッハ会長との電話協議で「一年程度延期することを軸として検討を」と提案。バッハ会長はこれに「百パーセント同意」と応じ、三月二五日、メディアの電話記者会見で「一年延期」について「遅くとも夏までとしたが、夏だけに限るわけではない」と述べた。

この経緯で明らかなように安倍首相、森会長らは国家ファーストによるオリンピックの政治利用を企んでいる。

また、バッハ会長は、海外テレビの取材に対して、一年延期を「ジグソーパズルのようなもので、一つパーツが欠ければ、すべてが崩れてしまう」と発言した。その真意がどこにあるのか明らかにしなかったが、少なくとも、一年延期がＩＯＣにとってもリスクの高いものであることを感じさせる発言だった。

いずれにしても、オリンピック史上初めての開催延期が何を意味するか徹底検証すべきであろう。

新型コロナウイルスのパンデミックは、中心を欧州から米国へ移しながら拡大しつづけている。三月三〇日午後一〇時現在、米国ジョンズ・ホプキンス大学の集計によると、世界の感染者数は米国の一四万三〇五五人をはじめとして、合計七三万七九二九人。死者はイタリアの一万七七九人をはじめとして、世界合計三万五〇一九人。日本でも、三〇日午後一一時四五分時点で、全国で一日当たり九四人増え、感染確認の総数は二七〇六人になった。

今後、多くの難民や貧困層を抱えるうえに肝心の医療体制が脆弱とあってアフリカなどでの感染が爆発するとの予測もある。

いずれにしても、このパンデミックを終息させることは容易ではなく、年単位での対応を覚悟しなければならないとの見方が多い。

そうした中で、三月三〇日、国、東京都、組織委員会とＩＯＣは「二〇二一年七月二三日オリンピック開催」で同意した。

「二〇二一年七月二三日開催」については、三月三〇日付毎日新聞が「世界的に広がる新型コロナウイルスの終息の兆しを見通せず、可能な限り開催時期を遅らせる狙いがある」、「近年の五輪は、金曜日に開幕し一七日間の日程の最終日の日曜日に閉幕するのが通例となっている。国際競技団体（ＩＦ）、五輪の映像を制作する五輪放送サービス（ＯＢＳ）と積み重ねてきた競技日程を生かすため、組織委内には同じ金曜日である二一年七月二三日開幕が最も影響を抑えられるとの考えがある」と報じていた。

いずれにしても、九年前に発令された「原子力緊急事態宣言」が解除されないうえに、新型コロナウイルスのパンデミックの終息が到底見通せない状態で、内容、形式ともに崩れ、存在価値を失ったオリンピックの開催を無理強いすることなど許されるべきではない。

（初出：『放送レポート』二八四号　二〇二〇年五月）

▼修羅場と化す東京オリンピック

世界保健機関（ＷＨＯ）が新型コロナウイルスのパンデミック（世界的大流行）を宣言した翌日の二〇二〇年三月一二日、ギリシャでの聖火採火式に臨んだ遠藤利明・組織委員会副会長は、「日本は感染を抑え込んでいる。この火は国立競技場まで続いていく」と信じて疑わなかったと報じられた。

しかし、新型コロナウイルスは拡大する一方で、海外はもとより国内まで事態は深刻化し、東京オリンピックは一年延期となり、聖火は国立競技場までは続かなかった。二度目の「一年前」となる七月二三日に行われた記念イベントで池江璃花子選手（水泳）が掲げたランタンの中に閉じ込められる格好で、かろうじて存在が示されただけだった。

池江選手は、「一年後の今日、この場所で希望の炎が輝いていてほしいと思います」という言葉でメッセージを締めくくった。

それにしても、新型コロナウイルスの感染が一五〇〇万人を超え、死者も六〇万人を超える深刻な事態のなかで、よりによって白血病と闘っている池江選手を国立競技場に登場させるというのは、とんでもない企画だ。

周知のように、新型コロナウイルスは疾患のある人に感染した場合、重篤化し命の危険に直結するとされており、その意味から、池江選手の起用は許されるべきではなかった。それにもかかわらず、なぜ、わざわざ池江選手を起用したのか、厳しく糾弾しなければなるまい。

七月二四日付毎日新聞は、そのへんの経緯をこう報じている。

〈…大会関係者によると人選は「池江一択」だったという。池江が白血病を公表した昨年二月、池江の呼び掛けに応じて日本骨髄バンクへのドナー登録が急増した。社会的な影響力の高さに加え、組織委内には闘病生活を乗り越えプールに戻ってきた池江の起用で、新型コロナウイルスで様変わりした環境に苦悩する世界中の仲間へ勇気を届ける思いも込めた。…〉

企画の背景にあるのは、白血病との闘病、骨髄バンクに関する呼びかけなどを感動的なストーリーに仕上げて、池江選手を利用しようという組織委の安直な発想だ。また、このイベントを演出した佐々木宏さん（クリエイティブ・ディレクター）がどのような思いだったのか、七月二四日付朝日新聞は、こう伝える。

池江選手のメッセージにある「もちろん、世の中がこんな大変な時期に、スポーツの話をすること自体、否定的な声があることもよく分かります」を受ける形で、佐々木さんはこう話す。

〈私も自粛期間中、スポーツニュースを聞くと、今はそれどころじゃないとテレビのチャンネルを変えていた。それでも暗い気持ちで過ごしていても前に進めない。ハッピーなこと、楽しいことを考えるバランスがほしかった。

組織委や政財界の人の声は聞こえるが、アスリートの発信は少ないように思っていた。アスリートの声を何らかの形で届ける流れを作りたいと思った〉。

演出にあたって、佐々木さんには、新型コロナウイルスの感染拡大で池江選手の命を危険にさらすことなど微塵も考えずに、「ハッピーなこと、楽しいことを考える」というような軽佻浮薄な発想しかなかったのかと、愕然とした。

七月一七日、ＩＯＣはオンライン方式で総会を開いた。一年延期した東京オリンピックをどのような形で開催するのかが中心的な議題だったが、議論らしきものはまったくなかったようだ。オンラインでのやりとりを観た報道関係者は、「バッハ会長の独壇場でしかなかった」と批判的だった。

森喜朗・組織委会長、武藤敏郎・副会長からの提案の前に、バッハ会長は来年会長選に出馬し、再選を目指す意思を表明するパフォーマンスを行った。その意思表示に多くのＩＯＣ委員が賛意し、バッハ会長の権力体制継続は確実となった。

その結果、バッハ会長への追随の雰囲気が強まり、意見を言う委員がいなかったということらしい。

ちなみに、新型コロナウイルスのパンデミック宣言が出されても、予定通りのオリンピック開催を言い続けるバッハ会長らに対して、「人類の状況を考えれば無神経かつ無責任。今回の危機は五輪より大きい」と批判したカナダのＩＯＣ委員・ウッケンハイザー（女子アイスホッケーの金メダリスト）は、この総会を欠席した。

森会長が「簡素化を図り、団結と共生の象徴としての開催に全力を尽くす」と大会への取り組みを報告。バッハ会長が「素晴らしい報告だった」と言っただけで、他に何一つ意見、質問も出ずに総会は幕を閉じた。総会後の記者会見で、バッハ会長は、開催を推進する小池百合子・都知事が中止・再延期を主張する候補に圧倒的な差をつけて再選されたことを日本人の思いの表れと強調。森会長も同調するように、「静かなる五輪への期待がまだまだしっかり定着している」という受け止め方を披歴した、と報じられた。

その都知事選での報道機関による出口調査で「中止」、「再延期」を希望する声が半数を超えたことは、まったく無視されてしまった。

また、日本オリンピック委員会（JOC）関係者は、同総会の内容に不可解な点があると言う。「大会開催を一年延期するには、憲章の規定を改正しなければならない。この総会でバッハ会長からその点についての提案が出されると思っていましたが、その気配は全くなかった。ということから、来年の開催はない、とバッハ会長は考えているのではないか。そうなれば、憲章の改正など必要ないですから。世界的に評価されないような大会を開催すれば、会長選での再選に悪影響を及ぼす、という計算もあるでしょう」

組織委関係者のなかでは、来年開催は困難とする見方がかなりあるほか、二〇二四年に東京大会を開催し、パリ大会を先に延ばす、ロサンゼルス大会の後の三二年大会を東京開催にする、などの提案をすべきだという声が上がっているという。

いずれにしても今年一〇月ごろには、IOCとしての最終的な結論が出されるとの見方が有力になってきている。

一年延期が引き起こした最大の問着は、他ならぬカネを巡るものだ。商業主義の徹底支配によって、オリンピックを巡るカネ勘定はかなり入り組んでいる。

ＩＯＣの収入源となっているテレビ放送とインターネットを合わせたメディア権契約、多国籍企業とのスポンサーシップ契約は、独自のルールで行われている。問題なのは開催国内でのスポンサー関連のカネだ。

ＩＯＣと契約する「ＴＯＰパートナー」を別にして、国内でスポンサーシップ契約をしているのは六六社（契約金総額・三四八〇億円）にのぼる。一年延期によって、追加負担をせまられるのではないか、との不安が広がっている。その一方、組織委が打ち出す「大会の簡素化」によって、宣伝効果の減少や得意先接待の削減などを危惧する声も出ているという。朝日新聞、読売新聞、毎日新聞、日本経済新聞はそれぞれ一年間三億円で五年間、一五億円で契約しており、一年延期によって、どうなるのかやきもきしているようだ。

いずれにしても、一年延期による経費膨張が約三〇〇〇億円と予想されており、そのカネをどこがどれだけ負担するのか、すでに激しい駆け引きが始まっていると見られる。

競技施設建設費などに当てられる主要な資金源の一つであるサッカーくじの売上金をみても、新型コロナウイルス禍でゲームが縮小され、かなりの激減が予想される。最終的に東京都が負担を被ることになるとの見方が多い。一年延期した東京オリンピックを巡ってあちこちで修羅場が繰り広げられるのは確実だ。

（初出：『放送レポート』二八六号　二〇二〇年八月）

▼人命より利権を優先させ、開催強行を狙うバッハ・森両会長

二〇二〇東京オリンピックの旗振り役を務めてきただけに安倍晋三首相の辞任表明（八月末）は、大会関係者に様々な影響を与えたようだ。

とりわけ、安倍首相の後見人を自認し、二人三脚で大会開催に取り組んできた森喜朗・組織委員会会長は強い衝撃を受けたと言われた。

新型コロナウイルスのパンデミック（世界的大流行）に直面した今年（二〇二〇年）三月、両人の間でのやり取りの新聞報道を再度取り上げたい。

〈「もし一年先に開催できなければ、政治的にも大変な状況になりますよ」。森氏は「二年延期という意見もあります」と告げながら、こう伝えた。仮に新型コロナウイルスの感染拡大が終息しなければ東京五輪は中止に追い込まれかねない。そうなれば、首相自身の責任がとわれ政権運営は大きく揺らぐ—との懸念からだった。ところが首相はワクチン開発は進んでいると説明し、「一年延期」にこだわった〉。（二〇二〇年三月二六日付毎日新聞）

このようにして、一年延期を決めた張本人の安倍首相が体調悪化を理由に辞任し旗振り役から降りてしまい、大会はどうなるのかとの不安の声が上がった。

とくに、バッハ会長も、「協力で信頼に足るパートナー」と安倍首相を評価していたこともあり、安倍首相の後、ＩＯＣとの関係がどうなるのか、先行き不透明との見方も強まった。

そのような状況下で、安倍首相に代わって旗振り役を託されたのは、他ならぬ森会長だった。森会長は、七月中旬に開かれたＩＯＣ総会（オンライン方式）で、「簡素化を図り団結と共生の象徴としての開催に全力を尽くす」と、大会への取り組みを報告した。

そこで明らかにされたように、森会長は安倍首相の「完全な形での開催」という提案を、「簡素化した開催」へとあっさりと変更した。一方、バッハ会長も「素晴らしい」とこの変更を評価した。大会をどのような内容にするのかという重大な点について、「完全な形」を崩して「簡素化した大会」への安易な筋書き変更がまかり通ったというわけだ。

そして九月二二日、バッハ会長は重要な内容の「オリンピズム（五輪精神）とコロナ」と題した書簡を突如、公開した。

「スポーツはパンデミック（世界的大流行）と闘う上で不可欠な要素だと広く認識されている。制限下でも大会を安全に組織できることがわかってきた。このことは、五輪を含む今後の大会準備に自信を与えてくれるはずだ」

「ワクチンなしでも安全に開催できることが示された。ワクチンは全ての問題を解決する打開策でないことは認識しなければいけない」

バッハ会長は、なぜ、この時期にそのような書簡を公開したのか。

その三日後の九月二五日、大会組織委員会の提案した五二項目の経費削減やコロナ対策を見据えた大会簡素化がＩＯＣ調整委員会で合意に達した。そのことから、バッハ会長の書簡公表は、提案を後ろ押しするよう日本側から要請したものではなかったのか、との推測もされた。

さらに二日後の九月二七日、自民党・細田派のパーティーに出席した森会長は、壇上で「どんなことがあっても、来年オリンピックをやります！」と豪語した。

政治家たちのパーティーだから森会長はそのような大口を叩いたのかもしれないが、それにしても新型コロナウイルスの感染者が世界で三〇〇〇万人を超え、死者が一〇〇万人に迫り、終息の見通しなどまったく立たない事態を無視して、そのような発言をすることは許されない。

「ワクチンなしでも安全に開催できる」というバッハ会長、「どんなことがあってもやる」という森会長ともに、人の命をないがしろにしてまでも大会開催を優先させる考えだ。合意したという東京オリンピック簡素化の内容を見ても、経費削減に重点が置かれ、人命に関わるコロナ対策などは不十分としか言えない。

主な簡素化案を列挙してみる。

○訪日する大会関係者を一〇～一五％削減、○関係者向け飲食物の簡素化、○会議・手続きのオンライン化、○仮設の施設や電源設備を削減、○会場内外の装飾、照明を削減、○会場での華美な演出の見送り、○練習会場の使用開始日を遅らせる、○練習会場へのバス運行頻度など輸送サービスの見直し、○聖火リレーの使用車両削減、○選手村入村式廃止、○選手団への記念品配布取りやめ、○組織委の要員計画の見直し、などなど。

これらは、いずれも経費削減という周辺的な対策であり、世界から参加する選手をはじめ、どのような形であれ大会に関わるすべての人たちの命の「安心安全」をどのようにして確保するのか、という中核的な課題はわきに追いやられてしまっている。来年の夏までに有効なワクチンが開発され、新型コロナウイルスのパンデミックが終息するとは考えられず、完全な「安心安全」が確保されることなどあり得ない。

それでも、森会長はともかくとしてもバッハ会長は、大会開催を断行する気なのであろうか。「バッハ会長は、狡猾なところがあり、大会開催への批判が世界的に拡がり、自分の立場が悪くなれば、WHO（世界保健機関）の意向を盾にするなどして『大会中止』を言い出すに違いありません」と、日本オリンピック委員会（JOC）関係者は、読む。

いずれにしても、人の命をないがしろにして、利権絡みの大会開催を優先させるバッハ会長、森会長らが取り仕切ることで、「オリンピック」というブランドはますます薄汚れたものになるとともに、大会の存在意味をも大きく損なわせている。

「どんなことがあっても、来年のオリンピックはやる」との発言は、安倍首相の辞任によって自らが旗振り役を果たす立場になった森会長の思いを露《あらわ》にしたものとも言えよう。

ただ大会関係者から、「バッハ会長との関係がうまくいくかどうか不安」という声が聞こえてくる。たしかに、東京大会の組織委員会人事を巡ってバッハ会長は森氏の会長就任を歓迎していなかったという経緯があった。それだけに、今後の動きの最大の鍵ともなる、両者の関係の成り行きに関心が集まっている。

一方、国内的には、森会長の独断専行体制は揺るぐことなく続いている。最近では、任期切れとなるスポーツ庁長官人事でまたぞろ「森人事」が断行された。

初代長官に鈴木大地氏を就け、その後任に室伏広治氏を持ってくる、これらはすべて森会長の人事である。

森会長はスポーツ庁長官のポストを飾り物でいいと考えているようで、鈴木氏は競泳で、室伏氏は陸上競技で、共にオリンピック・金メダリストであることを買ったようだ。

また、室伏氏の肩書にある東京医科歯科大学教授というのは、森会長の懐刀といわれる同大学出身の河野一郎氏（組織員会副会長）が実現させたといわれる。

室伏氏といえば、ＩＯＣの選手会関係委員選挙に出馬したが選挙違反で排斥され、国際スポーツ仲裁裁判所（ＣＡＳ）に無罪を訴えたものの敗訴した事件があった。ＩＯＣという舞台で基本的な倫理観が問われるような選挙違反行為で裁かれた室伏氏を、スポーツ庁長官に据える森会長の無謀さにはあきれ果てる。森会長の魂胆は、自らが主導するオリンピック開催にむけた動きに室伏氏を最大限利用することであろう。

（初出：『放送レポート』二八七号　二〇二〇年九月）

●JOC（日本オリンピック委員会）の不可解な動き

二〇一九年一〇月　日韓記者・市民セミナー　講演録

二〇一九年一〇月に出版した自著『オリンピックの終わりの始まり』（コモンズ）を裏付けるようなタイミングで、二〇二〇年東京オリンピックのマラソンと競歩競技を巡る騒動が起き、急遽、会場が東京から札幌に移される事態となりました。ただ、見逃していけないのは、この騒動の背景に二つの競技だけに止まらない問題があるということです。

第一に、東京大会開催を決めた国際オリンピック委員会（ＩＯＣ）のあまりの無見識さが暴露されたことです。第二に、大会招致をした東京都をはじめとする日本側のいい加減さです。

ご存知のように、二〇二〇年大会を招致するために日本側は、嘘や欺瞞に満ちた招致活動を展開しました。もっとも象徴的だったのが、開催地を選ぶＩＯＣ総会（ブエノスアイレス）での最終プレゼンテーションで、現地入りした安倍晋三首相は、東電福島第一原発事故で放射能汚染水が漏出し続けているにもかかわらず、「アンダーコントロール」と、大嘘をつきました。この「アンダーコントロール」発言が、一国の首相の言葉ということで投票するＩＯＣ委員たちに大きな影響を与えました。東京を選ぶ決め手になったとさえ言われました。

また、東京がＩＯＣに提出した立候補ファイルの中には、開催時期の東京について「天候は晴れる日が多く、かつ、温暖であるため、アスリートが最高の状態でパフォーマンスを発揮できる理想的な気候である」というふうに書かれていました。酷暑が問題になっているにもかかわらず、これはなんだと思います。そして案の定、その後、暑さ問題が起きました。

マラソン・競歩の競技会場を東京から札幌へ変えることを決めたのはバッハＩＯＣ会長です。会長の決めたことであれば、だれも文句はつけられない。

それにしてもバッハ会長は、なぜ急遽そう決めたのか。ご存知のように、二〇一九年夏にカタールのドーハで開催された世界陸上選手権で、マラソン選手が続々と棄権して、ゴールにたどり着く割合が非常に少なかった。レース中継には、次から次へと棄権していく選手たちの痛々しい姿が映し出されたわけです。

それによって受けた衝撃こそが、バッハ会長の競技会場変更の根拠だといいます。つまり、「アスリートの生命を大事にすることが、最大限、重要視されなければならない」ということなのですが、なんとも白々しい思いがします。

確かに、ドーハであれだけの選手たちが棄権しいく姿は、競技自体の意味や価値を根底から覆すものになったでしょう。同じことがオリンピックで起きたらと考えた時に、「オリンピック」というブランドに与えるダメージは世界陸上どころでないだろうと、バッハ会長は考えたのだと思います。

言い換えると、あのような衝撃的な事態は、オリンピックの持続可能性を必死に追求している中では大きなマイナスになる。そんな切羽詰まった思いがバッハ会長にあった。だからこそ、バッハ会長は、調整委員会に提案し、議論して決めるという通常の手続きを抜きにして、独断で東京から札幌へと変更を決めてしまったわけです。この経緯から分かることは、オリンピック開催の支持を失うようなイメージダウンは絶対に避けたいというバッハ会長のすさまじいばかりの思いです。

そもそもなぜ七～八月開催なのか

それにしても、そもそも大会開催時期を七～八月にする枠組みをなぜＩＯＣは作ってしまったのか、そのことを問わなければならない。

新聞報道で指摘されているように、オリンピックの開催時期は欧米のプロスポーツの最盛期を外さなければならないということにあったわけです。つまり、欧米のプロスポーツはメディアにとってもビッグビジネスであり、ＩＯＣとしてもそれを阻害するわけにはいかず、その時期を避けるとなると、残るのは七～八月しかなく、この枠組みの中で開催することを決めたわけです。したがって、その時期の日本なら暑さ問題が出てくるのは当然のことであり、いくら立候補ファイルに「理想的な気候」と記されていても、ＩＯＣがそれを鵜呑みにしたとは考えられない。ＩＯＣは事前に立候補都市について特別の委員による調査をしており、東京の気候についても認識していたはずです。

ＩＯＣはオリンピックの開催都市として、適切かどうかを判断するために十人前後の評価委員会のメンバーを東京に送り込みました。立候補都市側からの資金提供は一切受け付けず、経費のすべてを

ＩＯＣが出して、委員たちは独自に調査する。そして、この評価委員会の調査報告を基にして、ＩＯＣの委員たちは東京が適切かどうかを判断する、という仕組みになっていました。

過熱化した招致合戦で起きた大掛かりな贈収賄事件（二〇〇二年ソルトレイクシティー冬季オリンピックを巡るもの）を契機として、新たな方式として創設されたのが評価委員会であり、ＩＯＣの意思を決めるための手掛かりとなる調査報告を提出する重大責任を負っている。では、東京に乗り込んできた評価委員会のメンバーは、どのような調査を実施し、その結果、東京についてどのような認識をもったのか。そうした根本的なところについて、疑問が沸き上がるわけです。

明らかなのは、評価委員会のメンバーが東日本大震災ならびに東電・福島第一原発事故の放射能汚染問題を抱える福島などに足を運んで、調査したことは一度たりともありません。そのことだけでも、この評価委員会の調査のいい加減さ杜撰さは、どれだけ強調しても、し過ぎることはありません。

少し話がそれますが、開催地・東京とＩＯＣとの間のいろんな問題を調整するトップ、調整委員会委員長のジョン・ダウリング・コーツ（オーストラリア・オリンピック委員会総裁）には、人間的資質に大きな問題がある。彼は、オーストラリア・オリンピック委員会で、パワハラ問題を起こしています。癌病を患っている女性職員に対して、「オリンピック委員会は病院じゃない、来ることはない」というパワハラ発言をして顰蹙《ひんしゅく》を買い、女性職員たちが反コーツの行動を起こすという事件になりました。

そのような資質の人物がＩＯＣのナンバー２のポストにいて、東京に深く関わる調整委員会委員長として動いていることを知っておくべきです。

そういう人的な問題も含めても、評価委員会は開催地・東京を中心にした首都圏をはじめ福島などの現状に対して、非常にいい加減な認識しか持っていないとはっきり言える。

それゆえに、ＩＯＣに提出された評価委員会の報告書が杜撰きわまりないものであるということは、これからも、いろんな場面で明らかになっていくと思います。

現実認識とモラルの欠如

マラソン・競歩問題は、開催地を選定するＩＯＣと立候補した東京都の双方の本質的なモラル、現実認識などの欠如を象徴する事件と言えます。

端的に言って、ＩＯＣと東京都をはじめとする日本側関係者との間に信頼関係はありません。日本側にとって気掛かりだったのは、バッハ会長が組織委員会会長・森喜朗を信頼していないということでした。もともとバッハ会長は政治家に対して不信感を抱いていると言われ、森氏に対しても同様だった。そのことに関して、日本側関係者の多くの知る話があります。

バッハ会長が初めて日本入りした時に、電通が日本の企業を百社以上集めてレセプションを行ったのですが、バッハ会長は最初から最後まで森氏と目を合わさず、言葉も交わそうとしなかった。それほど不信感を持っていたということでしょう。

しかしその後、ＩＯＣと日本側とで調整委員会が設けられたのを契機に、妥協的になっていくというか、森氏の方がすり寄って「バッハ会長の言うことについては、認めざるを得ない」というような姿勢になった。今回の競技会場変更についても、「バッハさんがそう言うなら仕方ないでしょう」と、森氏はあっさり認めてしまいました。

そういう関係になっていたから、小池百合子東京都知事の反抗を森氏は歯牙《しが》にもかけなかった。小池都知事は就任と同時にオリンピックの分散開催を言い出して、岩手でボート競技を実施しようということで、同県の知事と一緒にボートに乗るなどのパフォーマンスを見せつけた。それを森氏は、どやしつけたわけですよ。そんなこと勝手にできるもんじゃないだろうと。それ以来、小池都知事は森氏に何も言えなくなった。マラソン・競歩競技について東京都なりに暑さ対策などに努力してきました。そのことをまったく評価せず、前もって相談もなく、いきなり頭から札幌と決めたことに対して小池都知事が反発したのは当然であったけれども、バッハ会長の意向を動かす力はまったく無かった。

森氏は、あっさりと札幌への変更を認め、あとはお金の問題であり、ＩＯＣと組織委員会でなんとか処理するということにして事態を収めたわけです。

あらためて強く言いたいのは、マラソン・競歩問題で重要なのは、どのように解決したのかということではなく、なぜ、競技会場を変更しなければならなくなったのか、背景にどのような問題が存在しているのか、という視点から検証することです。

存在感を失ったＪＯＣ

もう一つ強調しなければならないのは、このプロセスの中で、日本オリンピック委員会（ＪＯＣ）がまったく関わらなかったということです。

本来であれば、オリンピックについて日本でＩＯＣの大使役を務めるのがＪＯＣなのです。ですから、ＪＯＣは東京オリンピックについて指導的な役割を果たさなければならないわけです。問題が起きないように準備することはもちろん、起きれば解決にあたる。オリンピック総体についてアドバイスをし、指導する立場にある。どうしたことかそのＪＯＣの存在感がまったくないというのは、非常に重大な問題です。

私は本の中で、ＪＯＣはほとんど自滅してしまっているという視点で捉えたのですが、そういう現実が確かにある。そうなってしまったのはなぜなのか、その背景に何があったのか。そこには、日本におけるオリンピック運動のあり方そのものの問題をはじめとして、スポーツ競技団体の統括・管理という役割をＪＯＣが果たし得ていない、という根本的な問題があるのです。

まず、指摘しなければならないのは、ＪＯＣを含めてスポーツ界組織のリーダーの資質が劣化していることです。そのためにスポーツ界での暴力、パワハラ、セクハラなどの事件が後を絶たない事態に陥っている。毎日のように報道されているように、中学・高校の部活動では指導者による暴力行為が日常化してしまいました。

大阪の高校で、指導者の暴力を原因として選手が自殺するという事件がありました。その事件を契機として、スポーツ界での暴力、パワハラなどが社会的な重大問題としてクローズアップされる事態になりました。それとともに、競技団体でも同じような事件が相次ぎ、とくに、柔道の女子選手に対するセクハラが大きな問題になりました。

それに加えて、多くの競技団体で選手強化のための助成金や補助金を巡る不正が次々と明らかになりました。弱小の競技団体だけでなくて、日本陸連とか柔道連盟とか大規模の競技団体にいたるまで、様々な不正行為を繰り返していた。代表的な手口としては、実施していない強化合宿や遠征をでっちあげて伝票を切る。また、ある選手の強化のための助成金を他の選手に流用する。補助金、助成金をめぐって、あの手この手の不正使用や不正流用が行われていた。

実は、競技団体に配分される強化費を最終的にチェックするのはＪＯＣの役割です。したがって不正事件の多発は、ＪＯＣの管理能力の欠如と見なされ、国の会計検査院から何度となく注意勧告を受けている。「監督不行き届き」ということで、ＪＯＣの信頼感はどんどん落ちていった。要するに、ＪＯＣ自身が問題解決の能力を欠いたために、相次ぐ不祥事を防げなかったわけです。

竹田ＪＯＣ会長の贈賄疑惑の内側

スポーツ組織のリーダーの劣化、そのことによる不祥事の多発、そうした事態の深刻さを極めて鮮明に、浮き彫りにしたのがＪＯＣのトップである竹田恆和会長によるオリンピック東京招致を巡る贈賄疑惑事件です。

この事件についても、ＪＯＣ自らが疑惑を徹底的に解明していく意思は希薄でした。一応、ＪＯＣとして弁護士からなる第三者委員会による調査を実施しました。しかし、この調査はどう見ても不十分なものでしかなかった。関係者三四人から事情聴取したというのだが、肝心の贈賄に関係したシンガポールのブラック・タイディングス社（コンサルタント）についての調査は、現地まで行きながら契約した当事者に会えないまま帰ってきてしまった。そのような調査で事の核心に迫ることなどできるはずがなかったんです。

一般紙はタブー視して書かなかったけれど、実は竹田会長の贈賄疑惑の後ろに元電通の常務だった高橋治之という人物が存在しました。この高橋氏は、収賄側の張本人とされた元国際陸連会長でＩＯＣ委員も務めたラミン・ディアクと電通時代から密接な関係があった。高橋氏は「コモンズ」（私の本を出版したコモンズとは違います）という個人会社を持っています。

その会社に、招致委員会から一七回にわたって、九億五八二四万円ものカネが振り込まれている。この巨額の数字を日本で初めて明らかにしたのは、フランスのルモンドなど海外の通信社と契約している情報通信社ファクタです。

ルモンドがどのようにしてその数字を手に入れたのか。その経緯は次のようなものだったようです。

この贈収賄疑惑の調査に乗り出したフランスの司法当局が、国際協定に基づいて、日本の東京地検特捜部にいくつかの項目の調査を要請した。そして、東京地検特捜部は、招致委員会がみずほ銀行に開設した預金口座の出入金明細書をフランス司法当局に送った。ただし、東京地検は「問題なし」として明細書を渡している。

調査要請をしたフランス当局としては、東京地検特捜部による違反性の立証を期待していたにもかかわらず、「問題なし」という応えが返ってきた。フランス司法当局は大いに不満で、あらためて、東京地検特捜部に揺さぶりをかけるという意図のもとに、個人名義、会社名義の預金の明細を全部、ルモンドに流したということのようです。

高橋氏の個人会社に振り込まれた九億五〇〇〇万円超は破格な金額です。二番目に多いのが電通の三億円ですから。しかも、一七回にもわたって入金されている。そこに、どのような意味があるのか、その辺が解明されれば、贈賄疑惑の実態も明らかになるはずです。しかし実際には、高橋氏についてまったく切り込めない状態で、疑惑解明も頓挫してしまったままです。

なにしろ、高橋氏と竹田氏との関係は極めて密接です。慶応の幼稚舎から大学という同じ経歴を持つ人たちの繋がりというのは、他の大学では考えられない親密なものがあると言われます。この慶応閥の人物がJOC理事として複数いて竹田氏を担いでいるという実態があるんです。

同じ慶応閥の高橋氏が竹田氏にブラック・タイディングス社を、「オリンピック招致に実績があって票に繋がる」ということで紹介したのではなかろうか。ブラック・タイディングス社と竹田氏（招致委員会理事長として）がコンサルタント契約を結ぶ段取りをつけたのは、高橋氏以外には考えられないということです。

しかし、東京地検特捜部も高橋氏に対して踏み込んだ調査はしていない。間接的に伝わってくるのは、「東京開催が決まったのに、なんでいまさらそんなことを問題にするのだ」と、高橋氏が居直っているということです。その上、高橋氏は大会組織委員会の理事のポストを得ています。

竹田氏の贈賄疑惑は一切解明されないままでしたが、国内外のメディアの追及を受けた竹田氏はJOC会長の座を降りました。JOC幹部の話によると、竹田氏に辞任する気はなく、二〇二〇年東京大会をJOC会長として迎えることが最大の願いであり、JOC理事会としても竹田体制で二〇二〇年を迎えることで納得して進んできた。そこに贈収賄疑惑が出てきた。それでも会長を続けるつもりでいた竹田氏が辞任に踏み切った裏に、IOCのバッハ会長の示唆があったらしい。竹田氏は、バッハ会長と電話連絡を取り合うなかで、バッハ会長から「辞めた方がいい」と引導を渡されたと言われています。

バッハ会長としては、竹田氏の疑惑がIOCにも及んでくることを何としても避けたいという思いが強かったに違いありません。かつてソルトレイクシティー冬季オリンピックの招致に関連して起きた大掛かりな贈収賄事件で、多くのIOC委員が解任されました。東京オリンピックで同じような大事に発展することはなんとしても避けたいと、バッハ会長が強く思ったに違いないんです。そこで竹田氏に、辞めるよう引導を渡したということでしょう。

それでなくても、不祥事の多発する競技団体をまともに管理することができないJOCの存在価値と存在意義はどんどん薄れており、信頼性も失って、もはや末期的な事態に陥っています。そうした時に、贈収賄事件によって竹田会長が辞任したことで、JOCはさらに大打撃を受けることになったわけです。

〝理事会非公開〟を決めて、逆行する山下新体制

竹田会長の辞任後、後任の会長に山下泰裕氏が就任し、新たな理事会体制となったのですが、この執行部は目指すべきものを見失っていました。なにしろ山下会長が最初にやったのは、理事会を非公開、すなわち密室化することでした。ＪＯＣを再建するためには、理事会で活発な議論を積み重ねるとともに、政策を決定していく過程を徹底してオープンにして、透明化を図ることが最優先課題であったはずです。ところが山下会長は、「公開だと十分な議論ができない」として非公開にしてしまった。ＪＯＣが最低目指すべき方向に逆行するものです。二八人の理事のうち、二四人が新体制で初の理事会に出席しましたが、その中で一九人が非公開に賛成でした。反対したのはなんと高橋尚子、小谷実可子、山崎浩子、山口薫の女性理事四人だけでした。

それで山下会長は、非公開にして初めてやった理事会で、「思ったように非常に活発な議論ができた」と、満足したように発言した。公益法人という組織の特質から言っても山下会長のやり方は、許されないのではないでしょうか。明らかなことは、山下会長はＪＯＣが何をやらなければならないのか分かっていないということです。

山口氏が女性理事になって初めて理事会で、「ＪＯＣはオリンピック運動について考え直さなければならないのではないでしょうか」と発言しています。ところが、竹田会長をはじめ男性の理事たちは、「そんなことは昔から考えているよ」と、山口氏の提案をあっさりと切り捨ててしまった。

競技の現場を知る山口氏の切羽詰まった思いによる、日本のオリンピック運動をもう一度原点から考える必要があるのではないかという、ＪＯＣの本質に関わる極めて重要な発言でした。

山口氏の提案には、将来に向かってＪＯＣの動く方向を見出そうという積極的な意味が含まれています。そのことを、理解しようとしないＪＯＣは、ますます救いようのない組織へと堕落してしまっています。

台頭するＪＳＣ（日本スポーツ振興センター）

こうしたなか、ＪＯＣに代わって力を得てきた組織があります。日本スポーツ振興センター（ＪＳＣ）です。トトカルチョ、サッカーくじを取り仕切っている組織です。ＪＳＣは、今やＪＯＣに取って代わって、サッカーくじで得た資金をバックに選手強化費補助などを通して競技団体に対する主導的な役割を果たしています。

とくにオリンピックでの金メダル三〇個獲得という目標に向けて、選手強化費をＪＳＣに一本化する形で、いっそうＪＳＣの影響力を大きくしています。加えて、そのＪＳＣを直接的に統括しているのがスポーツ庁（文科省の外郭）で、長官は水泳の金メダリスト鈴木大地氏。

この文科省―スポーツ庁―ＪＳＣというスポーツ行政の一本化を画策、実現させたのは、森喜朗元総理です。森氏は自民党文教族の大ボスとして、文科省の体育・スポーツ行政に関して人事に至るまで影響力を持ってきました。

二〇一一年成立のスポーツ基本法、同法に基づいて作られたスポーツ庁、その初代長官に鈴木氏を抜擢、――これらすべてにわたって森氏が深く関わっていました。その後の橋本聖子氏のオリンピック担当大臣、ＪＯＣの山下会長も森人事と言われています。

もちろん森人事にはいろいろと問題がある。スポーツ組織を直轄する大きな権限を有するスポーツ庁長官というポストに相応しい能力を鈴木氏が持っているとは思えません。また、文科省広報部長からＪＯＣ理事に入ってきた籾井圭子という人物にも問題がある。ＮＨＫの悪名高い籾井勝人元会長の娘である彼女は、政府の言うなりに動き、ＪＯＣを国のヒモ付きにする役割を果たそうとしている。

長い歴史の中で、ＪＯＣには国家からの自律性という問題が常にありました。ＪＯＣは日本体育協会（日本スポーツ協会に改称）の中の一委員会でしかなかったんです。それが根本の問題だったわけですが、一九八九年に堤義明会長（当時、日本アイスホッケー連盟会長）の下で、文部省から認可を得て独立を実現した。それ以後、国庫補助を得てはいたものの、ＪＯＣは独自に「がんばれニッポン！」キャンペーンを展開し、多くの企業とスポンサー契約をして収入を確保してきました。

ところが、二〇一一年のスポーツ基本法成立によって、スポーツ政策が国家プロジェクトと位置付けられ、国家主導で行われることになった。ＪＯＣも文科省、スポーツ庁などに包囲され、国からのお墨付きと繋がりを持つ人物が、理事に入ってくるようになってきたわけです。

ＪＯＣの幹部は、「二〇二〇年の先にＪＯＣが存在できるのか、いったいどのような形で存在意義を示せるのか」と危惧しています。まさにＪＯＣは存亡の危機をむかえているのです。

スポーツは誰のため、何のため、どうあるべきか

こんな状態のまま二〇二〇年東京オリンピックを開催することで、問題が噴出しています。二〇一一年に東日本大震災、福島原発事故があり、いまだに原子力緊急事態宣言は発せられたままです。避難住民が何万人もいる。そうした状態のなかで、オリンピックは開催すべきではないでしょう。オリンピック憲章は「人間の尊厳保持に重きを置く平和な社会の推進を目指すためにスポーツを役立てる」と謳い、そのことをＩＯＣは自分たちの存在価値だと言う。ところが実際には、ＩＯＣは原子力緊急事態宣言が解除されないままの国でオリンピックを開催することになんの躊躇もしない。そのこと自身が大変な問題です。

バッハ会長は安倍首相と福島に行って、ここで野球とソフトボールをやればいいと自ら提案しました。「復興のオリンピックへの強いインパクトになる」と、バッハ会長は強調した。

安倍首相の「アンダーコントロール」に始まり、森喜朗の「オールジャパン体制」、つまり国家一丸となる総動員体制。国威発揚で最大限の効果をあげようという狙いでしょうが、あらためて、いったい二〇二〇年東京大会は、誰のための、何のためのオリンピックか、そこを厳しく追及し続けなければならないと思います。

二〇二〇年の先に、荒涼たるスポーツ世界が広がってしまう恐れが多分にある。つまり、将来に向けてのスポーツのあり様が、オリンピックを経て開けていくのではなく、むしろますます混迷し見え

なくなってしまうのではないか、ということです。
そうした事態に陥らないために、今こそ、日本のスポーツが誰のために、何のために、どうあるべきかを根本から考えていく契機にしなければならない。そのことを強く思います。

〔質疑〕

（Q）日本のスポーツ界に、いつごろからかわかりませんけど、やたら「サムライ」というキャッチコピーが使われるようになりました。その背景は何か、ねらいは何だと思われますか？

（A）そのネーミングは電通でしょう。「なでしこ」とか「サムライ」とか。殺しの組織である武士の精神を武士道として、なにか美しいもの良いものと思い込まされている人が多いのでしょう。「なでしこ」も「大和撫子」でしょう。日本の女性を美化する言葉であり、サムライと同様に日本のナショナリズムを象徴している。要するに、そうしたナショナルな象徴を代表チームに名づけることにより、国威発揚のシンボルとしての効果を狙うという電通の発想だと思います。サッカー、野球などのスポーツ組織は何も考えず、抵抗なく受け入れてしまっている。
韓国が問題にしている旭日旗。オリンピックに持ち込まないようにして欲しいというのは、ものすごく正当なことだと思います。歴史的に帝国陸海軍の旗として使われて、今は自衛隊が使っている。軍国主義の象徴です。それを旭日旗ならいいだろうなんて、無責任に言ってしまう。オリンピズム（平和主義）など考えてもいない。

オリンピックを「スポーツと平和の祭典」と言っているのは、ＮＨＫだけですね。民放も使うけど、ＮＨＫが一番強調しています。いったいどこに平和がありますか。

オリンピックは、完全にメダル至上主義になっている。選手たちは極限まで追い込まれる。「より高く、より早く、より強く」のために、きわめて非人間的な形で。人間の尊厳を、オリンピックはどんどん壊しているのではないかと思います。

それをまねていくとスポーツ全体が壊れていく。しかし、メディアは、「汗と涙の感動物語」として、盛り上げ報道の一本槍となる。スポーツ界もメディアも、こぞって金メダル三〇個獲得をオリンピックの目標にしているわけです。

最初に取り上げたマラソン、競歩競技の会場変更の話にもどれば、東京であろうが札幌であろうが、どうだっていい。バッハにとって一番大事なのは、どこであろうと大会が開催されること。一つの都市が無理なら、どんどん分散していいじゃないかと。選手への配慮など全くない。

オリンピックでは、国境を越え、様々な壁を越えて選手が一堂に会するわけです。いちばん肝心なのは、コミュニケーションする場です。もちろん競技場は、競技を通しての最重要なコミュニケーションの場です。そのほかの大切な場は選手村です。そこは治外法権ですから、選手たちは自由に交流し、国際交流・相互理解を実現する。選手村はオリンピズムを育み、平和運動として展開するための核です。しかし、そうした選手村についての理念、理想は、とっくの昔に吹っ飛びました。

一九九二年のバルセロナ・オリンピックを現地取材しましたが、ほとんどの選手が大学の寮で宿泊する中、お金のあるアメリカ・バスケットボールの選手たちは、四つ星のホテルに宿泊しました。メダルを取れるか取れないか、金か銀か銅か、ということしか問題でなくなり、選手村の持つ意味はどうでもよくなってしまったわけです。

（Q）疑惑のお金のことですが、電通のボス、そのダミー会社みたいなものから、ある国際陸連の人物に、さらにそこからどこに渡ったのかというあたりは？　そこから本当に贈収賄に結びつくような、たとえばＩＯＣに渡ったとか、選挙活動に使われたとかっていうのは、なかなか解明できないのでは…。

（A）ラミン・ディアクという国際陸連の元会長はセネガル出身で、アフリカのＩＯＣ委員に影響力を持っていることが表に出ています。そのＩＯＣ委員たちの票に繋がったということを、フランス当局はある程度、把握しているようです。つまり、一票を得るためだけにそんなカネを払わないわけで、ラミン・ディアクの影響力によって一〇票を集められるという情報が、ＪＯＣに伝わってきたようです。

失敗に終わった二〇一六年大会招致の祭には、一五〇億円もの活動費を使いました。しかし、そのカネがどこに、どういうふうに使われたかは、大雑把なことしか分からない。ＪＯＣの関係者も、「だいたい三〇の海外のコンサルタント会社と関わったがほとんどいい加減な会社だった。それゆえ、一五〇億円もの招致活動費を使いながら、思ったように票が集まらなかった」と話していました。

そういうことがあったので、二〇二〇年大会招致に当たっては、理事長に就いた竹田氏にかなりプレッシャーがかかった。竹田氏は独自に実績を上げ、存在感を示したいという思いが強かったようです。そこで浮上するのが高橋治之氏の存在です。竹田氏自身はコンサルタントについての知識のないのは周知のことでした。それで参考人として呼ばれた国会でも、竹田氏は、ブラック・タイディングス社はどういう会社か、信用できる会社かとか、契約に値するかを含めて、電通に打診したと言いました。そして電通は、「実績ある会社」とお墨付きを渡した。そう電通に言わせたのは高橋氏に違いない。竹田会長とブラック・タイディングス社とのコンサルタント契約は、ＪＯＣの幹部さえ知らないほど、秘密裏に行われたということです。

（日韓市民セミナー・講演録　第四回　二〇一九年一〇月二六日）

〔資料〕

オリンピズムの根本原則

二〇二〇年版（二〇二〇年七月一七日から有効）

一、オリンピズムは肉体と意志と精神のすべての資質を高め、バランスよく結合させる生き方の哲学である。オリンピズムはスポーツを文化、教育と融合させ、生き方の創造を探求するものである。その生き方は努力する喜び、良い模範であることの教育的価値、社会的な責任、さらに普遍的で根本的な倫理規範の尊重を基盤とする。

二、オリンピズムの目的は、人間の尊厳の保持に重きを置く平和な社会の推進を目指すために、人類の調和のとれた発展にスポーツを役立てることである。

三、オリンピック・ムーブメントは、オリンピズムの価値に鼓舞された個人と団体による、協調の取れた組織的、普遍的、恒久的活動である。その活動を推し進めるのは最高機関のＩＯＣである。活動は五大陸にまたがり、偉大なスポーツの祭典、オリンピック競技大会に世界中の選手を集めるとき、頂点に達する。そのシンボルは五つの結び合う輪である。

四、スポーツをすることは人権の一つである。すべての個人はいかなる種類の差別も受けることなく、オリンピック精神に基づき、スポーツをする機会を与えられなければならない。オリンピック精神においては友情、連帯、フェアプレーの精神とともに相互理解が求められる。

五、オリンピック・ムーブメントにおけるスポーツ団体は、スポーツが社会の枠組みの中で営まれることを理解し、政治的に中立でなければならない。スポーツ団体は自律の権利と義務を持つ。自律には競技規則を自由に定め管理すること、自身の組織の構成とガバナンスについて決定すること、外部からのいかなる影響も受けずに選挙を実施する権利、および良好なガバナンスの原則を確実に適用する責任が含まれる。

六、このオリンピック憲章の定める権利および自由は人種、肌の色、性別、性的指向、言語、宗教、政治的またはその他の意見、国あるいは社会的な出身、財産、出自やその他の身分などの理由による、いかなる種類の差別も受けることなく、確実に享受されなければならない。

七、オリンピック・ムーブメントの一員となるには、オリンピック憲章の遵守およびＩＯＣによる承認が必要である。

第11講　『評伝 孫基禎』の上梓とその後

孫基禎から大坂なおみまで
—スポーツ・人権・平和の思想と行動

寺島善一
——明治大学名誉教授

昨年四月にこの『評伝　孫基禎（ソン・キジョン）』という本を書きました。その後、韓国版が出ることになりました。私も喜びに浸ったわけですけれども、その間に東京オリンピックが延期になるとか、一番近々では大坂なおみ君がUSオープンに勝つといった快挙とその後の行動がありました。そこでの彼女をつらつら考えてみますに、その行動の震源地はやはり孫基禎さんのベルリンオリンピックの時の、下を向いて月桂樹で「日の丸」を隠した行動にたどり着くのではないかと思いました。今日は孫さんの人生と、彼の行動、発言、思想が今日の大坂なおみまで累々とつながっているというようなことをお話ししてみたいと思います。

『評伝　孫基禎』出版の動機

＊「歴史修正主義者」による歴史の歪曲

最初に、なぜ私がこの本を出版したかということです。二〇〇二年サッカー・ワールドカップの共催で日韓の文化交流やスポーツ交流が繁く行われるようになったのですが、またぞろ安倍政権の韓国に対する政策によって冷水を浴びせられる状況になりました。そこでの大きな問題は、やはり歴史修正主義者と言われる人たちが、あったことを無かったことにしようとしたことです。徴用工問題然り、慰安婦問題然り、いろんな流れの中にこれが垣間見えたわけです。

私は徴用工問題や慰安婦問題については専門家ではありませんけど、この孫基禎さんの人生についてのファクトを語ることが、歴史修正主義者と言われる人たちに対するひとつの大きな対抗になるのではないかと考えました。植民地支配下の圧政がどのようなものであったかが、孫基禎さんの身の上に降りかかった辛い悲しい出来事に、その一端が反映していると考えたのです。

「反日」「嫌日」「嫌韓」やいろんなイデオロギーとか思想の問題ではなくて、実際に孫基禎さんの身の上に降りかかった〝事実〟を明らかにし活字にして残すということが大事だと思いました。あちこちの講演で喋ってきましたが、活字に残すことが大事だと痛切に感じて書くに至ったわけです。

＊スポーツによる相互理解と国際連帯

もう一つは、その孫さんの夢でもあったのですけど、スポーツを通して国際相互理解、国際連帯を広げるということです。われわれは「オリンピズム」という言い方をしますが、そのオリンピズムにふさわしい行動が、孫さんの故郷である平昌《ピョンチャン》オリンピックで出現したことがありました。この時私は、孫さんが草葉の陰で「俺はこういうスポーツイベント、オリンピックを期待していたんだ」とおっしゃっているのではないかと思えたのです。日本の政府が嫌韓を煽り立てても、スポーツマン同士の友情は決して消え去るものじゃないということもこの本の中に書き記して、冷え切った日韓関係を克服するひとつの端緒にもなるということも含めてこの本を書くに至りました。

＊二〇二〇年東京オリンピックのためにも

それから、二〇二〇年の東京オリンピックを控えた時点で、日本の関係者たちにはオリンピックの真髄を国民に啓蒙していく作業がほとんどありませんでした。この孫さんの人生を振り返ることで、東京オリンピックは一体どんなことを考えて実現したらいいのかの参考になるのではないかと思いました。

基本的に今に至るも、組織委員会や東京都に、オリンピズムを啓蒙し普及させようという気持ちがあるか疑問です。オリンピズムの根源になるものとしては、オリンピックチャーター（憲章）があります。これはオリンピック運動の憲法とも言われる基本的な文書です。この中で、スポーツによる国際相互理解、友好連帯を促進する平和運動だと自らの運動を規定しています。日本の組織委員会が平和運動としてのオリンピックをどう考えるのか甚だ疑問が多かったので、私は孫さんの思想と行動を対峙することによって考えてもらいたいという気がしたのです。

じつにふざけた話ですが、オリンピック担当大臣が国会の答弁でオリンピック憲章を読んでないと平気で喋りました。そういう人に担当大臣を任せる日本のおかしさって言いますか、いい加減さがあるわけです。

また、オリンピックは国際相互理解と友好連帯を促進する運動ですが、その競技場に「旭日旗」を持ち込んでいいと組織委員会の森委員長が発言したわけです。これは東アジアの人々に向けての挑戦であり、オリンピズムに対する冒涜です。

民族差別は未だに無くならないわけで、川崎では市条例ができましたが、ヘイトは今も続いています。コロナ禍でも、朝鮮学校にマスクを配らないという差別。そんなことを平気で日本の政府はやったわけです。

オリンピックを主催するのは東京都ですが、その東京都の知事が、九・一朝鮮人虐殺慰霊会への追悼文を送らない事態が発生しました。あの石原慎太郎氏ですら送っていた追悼文を小池知事は送らないという挙に出ているわけです。

私は横浜に住んでいますが、コロナウイルスは中国のせいだと言って、中華街の名門中国料理店に脅迫状が貼り付けられるといった事態が起こっているわけですね。

これらのヘイト問題のみならず、三・一一東日本大震災と福島原発、九州の地震被害、未だに仮設住宅に住まざるを得ない人たち、被害を受けた方々。そういう人たちの配慮は本当になされているんだろうか。お祭り騒ぎのオリンピックをやる以前に考えなきゃいけないことがいろいろあるじゃないかと思うんです。

オリンピズムを忘れた二〇二〇年東京五輪

＊「アンダーコントロール」の大嘘

そもそも東京オリンピックの招致は、安倍首相（当時）の「福島の原発は完璧にアンダーコントロールされている」という大嘘で始まりました。

ヨーロッパのメディアは日本の現実をシビアに捉えていて、BBCやZDFなどの国営放送はかなり深く取材に入っていました。ドキュメンタリー番組をイギリスやドイツで流していました。福島原発は未だに処理しきれていないという状況を報道していました。ＩＯＣの委員たちはそれを知っていて、開催地決定の前の晩のパーティーで、日本の竹田委員長に詰め寄ったわけです。竹田さんは福島と東京は二〇〇キロ離れているから大丈夫だとかとぼけた返事をしたらしいけど、これはまずいと思った組織委員会のメンバーが、政府専用機でロシアからブエノスアイレスに向かっていた安倍さんに電話を入れて、「明日の演説の中で原発は絶対大丈夫だということを言ってくれ」と入れ知恵した。そういう意味で大嘘から始まった招致なわけです。

▼セバスチアン・コー　ロンドンオリンピック組織委員会委員長

＊社会の中のオリンピック　理解のための啓蒙活動

私は専門がイギリスのスポーツ政策です。イギリスには友人がたくさんいて、二〇一二年のロンドンオリンピックの前にも何回か行きました。この写真のＲＳＡと書かれたところで演説しているのは、大会組織委員会の委員長のセバスチアン・コーさんです。

ロンドン五輪の必要性と重要性、あり方について彼は講演をするわけです。このＲＳＡはロイヤル・ソサエティ・オブ・アーツ（The Royal Society of Arts）、王立文芸家協会です。日本にはそういう組織はあまりないんですけども、イギリスでは著名な知識人、近々ではこの間亡くなりましたけどもケンブリッジの物理学者のホーキンスだとか、そういう方がメンバーになっています。かのカール・マルクスもここのメンバーだったそうです。組織委員会委員長のセバスチアン・コーは、そういうところへ出かけて行って、熱心にオリンピックの趣旨と必要性、意義などをこんこんと演説して説得するわけです。

日本の森さんが我々の前で、テレビ番組でも何でもいいけれど、東京オリンピックはなぜ必要か、国民にどんな良い影響をもたらすかなどの話をしてくれたことがありますか？ ロンドン五輪の組織委員長はオリンピズムとはなんぞやということを啓蒙する努力を続けていました。

このセバスチアン・コーさんがつい最近日本へ来ました。これも電通が仕掛けていることだと思いますけど、東京オリンピックが終わったらもう一つ大きなイベント、世界陸上競技選手権をやりたいというわけです。その時、「日本国内ではオリンピック開催に反対意見が多いがどうすれば共感が得られるか」という質問に答えて、「社会を味方につけなければいけない。コロナウイルスで社会が不安になっていることは理解できる。その感情を理解した上で、なぜ五輪が社会にとって重要なのかを、時間はかかるが説明しなければならない」と答えています。彼は自分でやってきた自信があるのでしょう。「定期的に毎日でも、何時間でも対話をしなければいけない」とインタビューに答えている。

それに引き換え日本では、オリンピックをどう啓蒙するかということがほとんど行われていません。大会運営の技術的なことばかりが先行して、どうしてこのコロナ禍でもやらなきゃいけないのか、本質的、理念的な問題は一切語られていないわけです。

＊度が過ぎた勝利至上主義

日本のオリンピック運動やスポーツにおける弊害は、過度な勝利至上主義です。金メダルを何個取るといったことが話題に上るばかりです。

近代オリンピックの当初、アメリカとイギリスが争っていました。それを見かねたペンシルバニア司教・タルボットが一九〇八年のロンドンオリンピックを契機にセント・ポール寺院でお説教したわけです。それが有名なオリンピックのモットー、「オリンピックにおいて重要なことは勝つことではなく、参加することである」というものです。

日本ではここまでしか言わないんですけど続きがあります。「人生において重要なことは成功することではなく、努力することである。最も大事なことは相手を打ち負かしたという事ではなく、よりよく戦ったかどうかにある」というものです。タルボット司教の説教を聞いたクーベルタンが、ロンドンオリンピックが終わった時の晩餐のスピーチで、タルボット卿の理念をこれから我々はオリンピック運動のモットーにしていきたいとおっしゃったわけです。

ところが今日、スポーツは商業化されて、競技成績が良ければいいことになった。そうすると選手個人にしたらアピアランスマネー（商品価値）が高まるわけです。競泳の瀬戸大也君はスキャンダルで一億円を失ったとかいう記事が出ていますが、逆に言えば、日本代表になったことで一億円という金が彼の両肩にかかっていったわけです。

スポーツには異常な勝利至上主義が蔓延《はびこ》っている。それが国威発揚にもつながるわけです。

＊人間の尊重が起源　ホストシティの役割と多文化共生の理念

人種差別はオリンピズムの理念の対極にあります。オリンピズムは人間の尊重が起源であり基調になっていて、それは国際相互理解とか友好連帯につながるわけです。ところが日本では、人種差別だとかヘイトクライムだとか、ＬＧＢＴに対する差別だとか、そういう問題が絶えません。

それから東京都オリンピック憲章にうたわれている条例案、すなわちオリンピックのホストタウンになったところは差別をしないような憲章を必ずつくらなきゃいけないのです。ところが東京都の憲章は抜け穴だらけで、いろんな方々からさまざまな批判を受けているものなのです。

また、ホストシティは、オリンピック教育をその都市でやらなければいけません。東京都にもオリンピック教育をやる義務があるわけです。予算も取られていますが、結局、電通に全部丸投げです。オリンピズムの理念やクーベルタンの理想を伝えるのではなくて、オリンピック選手だった人を学校へ連れて行って、オリンピックは面白かった楽しかった、まあそれなりに意義があるというようなことを言わせる。それでお茶を濁す。余談ですけど、「スポーツと平和を考えるユネスコクラブ」という団体を私たちはつくっています。大学の先生方が多いので、東京都の教育委員会にオリンピック教育をお受けしますよと言いました。東京都の多文化共生プロジェクトの室長の所へ行ったのですが、コメント一つ無く、電通に丸投げされてしまいました。

元を言えばオリンピズムの理念は、多文化共生社会を希求するものです。セバスチアン・コーさんはＲＳＡの演説の最後で、「我がロンドンオリンピックに来る外国の選手に対して、例えば一〇〇Ｍのスタートラインに立った時に、それを応援するロンドン市民が必ずやいる。多様な人種が我がロンドンに在住し、多様な民族の文化を共有しながら都市を形成している。ここにもロンドンでオリンピックを開催する意義がある」と力説しています。そういう多文化共生社会を希求するという理念がオリンピズムだということを忘れてはいけません。

▼人種差別はオリンピズムの対極にある。「SAY NO TO RACISM」の横断幕

＊国威発揚に使われる東京五輪

スポーツ競技は相手がいて初めてできるわけで、その相手は自分を高めてくれる対象です。お互いにそういう存在であるというのがスポーツマンの関係です。スポーツの真髄は対戦相手に対するリスペクトです。ところが日本の場合は、「国威発揚」を掲げて相手を打ち負かそうとする。タルボット司祭の演説が言う、「相手を打ち負かすことじゃなくてよりよく生きることが大事だ」ということを忘れてしまっています。

この写真はなでしこジャパンが優勝した時の決勝戦の時のものです。大きな国際試合には必ず「SAY NO TO RACISM」を掲げ、「FAIR PLAY PLEASE」という横断幕を掲げます。ところがこの間のワールドカップやラグビーの時にこういうことをやったかといえば、僕は寡聞にして存じていません。日本の場合、オリンピックは国威発揚になっている。

中曽根内閣は臨教審答申で、スポーツは国威発揚の材料であると言わしめました。そういう意味では、中曽根さんもスポーツの本質をわきまえない偏狭なナショナリストであったと言わざるを得ない。そしてNHKの解説委員が「五輪の目的は国威発揚である」と話している。二〇一六年リオデジャネイロオリンピックが終わって、さあいよいよ東京だという時にそう話しています。

ひどい話ですが、安倍内閣は二〇一五年に「金メダル三〇個」を「閣議決定」しているんです。これはオリンピックは国家の戦いではなくて、あくまでも個人の戦いであると規定する五輪憲章第一章第六項違反です。そして、こともあろうに山下泰裕新会長までが、就任挨拶で三〇個のメダルを目指すと話しています。オリンピズムの真髄が本当にわかっているのかと思います。とにかく経済効果と国威発揚、そういう話ばっかりが出てきます。

そういう中で孫基禎さんの人生を見ていくと、オリンピズムの真髄とは何かということが分かってくるのではないかと思うわけです。

孫基禎の人生とスポーツ
――人権を踏みにじられたオリンピック金メダリスト

孫基禎先生の人生をお話ししたいと思います。当時、朝鮮半島は日本の植民地支配下で、孫さんは朝鮮人でありながら、日本代表としてベルリンオリンピック（一九三六年）に参加せざるを得ませんでした。それによって起きたさまざまな差別と迫害はひどいものでした。

＊植民地支配下の朝鮮人差別と孫基禎への迫害

まず代表選手を選ぶ選考会のことです。孫基禎さんと南昇竜（ナム・スンヨン）さんという朝鮮人が一位二位を占めました。ところが日本陸連はこの選考会で代表を決定しなかった。わざわざベルリンにまで日本人選手二人を連れて行って、孫か南をなんとか削り落として、日本人二人、朝鮮人一人にしようと画策したんです。無謀にも、決勝の三週間前に三〇キロ走らせました。それもレース形式で走らせるという運動生理学的にも信じられないことを平気でやったわけです。でも結局、二人が勝って代表になります。

孫さんは、並走したイギリスのハーパーや、炎天下の競技中に水をくれた看護師のルイゼなど、人に助けられながら、二時間二九分一九秒二という新記録で走り切り、優勝しました。そして表彰台では下を向いて「日の丸」を仰ぎ見ない、「君が代」を聞かないという態度をとられたわけです。

歓びにわく朝鮮では、『東亜日報』が写真に写った胸の「日の丸」を消して新聞を発行する事件が起きました。『東亜日報』は、社長や編集長らが警察にしょっぴかれて大変なことになるわけです。

写真（次頁）を見てください。今はビルのビジネス街ですが、ヨイド島（汝矣島）の空港に到着した時の写真です。オリンピックの優勝者を万歳で迎えるのではなくて、特高警察と官憲が脇をかため、孫さんを拉致・連行しました。これがオリンピックの金メダリストに対する朝鮮総督府や官憲の仕業

▼腰にサーベルの警官と刑事に拘束される孫基禎

でした。

孫さんの存在は、植民地支配下で鬱屈していた朝鮮人を勇気づけ、確信を持たせる大きな契機になりました。それが独立運動につながるということで、朝鮮総督府や官憲は徹底的に孫さんを監視し弾圧しました。

オリンピックの後、彼は今の高麗大学に入りました。先輩や仲間が歓迎会をやると、そこへ官憲が入り込んで蹴散らして、参加していた学生たちを逮捕する。学長や孫さん自身も官憲に呼び出されて恫喝されました。彼は「もう優勝を返上したい」とさえ思ったそうです。そして、ソウルにいたら皆さんに迷惑がかかるからと、日本に来ることになったわけです。

ところが日本では、陸上競技はするなと命令されて試合にも出られないという状態でした。今日の集まりに、ご子息の孫正寅（ソン・ジョンイン）さんがみえていますが、亡くなる直前の孫さんの言葉は、「箱根駅伝を走りたかった」というものだったそうです。

孫さんにとって最も辛い思い出は、「内鮮一体」のスローガンのもとで、朝鮮人学生に学徒兵として出陣するように演説を強要されたことでした。後ろからピストルを突きつけて言わされたわけです。彼は私にしみじみと、「私の人生で一番つらかったのはあの出来事だ」と話しました。自分が差別、迫害されるのはともかくとして、前途有為な朝鮮の若者を前に「天皇陛下のために死ね」という演説をさせられたことは本当に辛かったとおっしゃったわけです。

＊差別と迫害のなかでの友情

だけどそういう中で孫さんは、スポーツは国境を越えて心をつなぐという確信を持つことになる。一番にあげたいのは、開会式の入場行進の時の出来事です。馬術選手の陸軍軍人が孫さんに向かって「帝国陸軍軍人が、朝鮮人や女の後ろを行進できるか」と言ったそうです。そしたら、選手団の主将で旗手であった大島鎌吉さんが烈火のごとく怒って、「ここはオリンピックの場だ。陸軍軍人も朝鮮人もあるか」と一喝しました。

朝鮮人差別の言葉に、孫さんは「また始まった」と思う一方で、自分のためにこんなに真剣に怒ってくれる日本人を初めて見たわけです。大島さんに対する敬愛と尊敬の念がここで深まって、生涯の師として尊敬することになります。

それから、アメリカのジェシー・オーエンスです。彼は一〇〇M、二〇〇M、走り幅跳びで三冠を取りましたが、結局、アメリカへ帰ればまた黒人差別が待っていることを自覚していました。お互いに差別が待っているけど負けないで頑張ろうなと、励まし合っているわけです。それから孫さんと並走したイギリスのアーネスト・ハーパーは、炎熱の中で孫さんがスパートしようとした時に、「ここはスパートしたら負ける」「スロー、スロー」と言ってアドバイスをしました。孫さんが暴走すれば

▼左から孫基禎、ジェシー・オーエンス、南昇竜（スクリーンの写真）

ハーパーが優勝でした。戦術的に考えればそんな助言はしません。孫さんがエネルギーを貯めて、最後のスパートにかけられたという意味で、アーネスト・ハーパーのフェアプレーに感激して、生涯、クリスマスカードをやり取りするという友情を、結ぶことになります。

ここに貴重な写真があります。ジェシー・オーエンスさんと孫さんと南さんの写真です。オリンピックの栄光は束の間のことですが、そこでの交流がいかに意義深いものであるかを如実に物語っていると思います。

こうして孫さんは、一貫してスポーツマンとして生きただけでなく、平和や人間の尊厳、人種差別について、強固な思想を形成していくわけです。

＊平和への思い

スポーツでちょっと有名になると、日本では自民党から勧誘されて政治家になるという人が山ほどいます。しかし孫さんは政治の誘惑をことごとく断わり、「スポーツ界で育った人間だからスポーツ界で働く」と言って一生涯、韓国の陸上の発展に尽力するわけです。

選手たちの合宿所として自宅を開放し、マラソン強化に奔走して、一九五〇年のボストンマラソンではワン、ツー、スリーを韓国選手が独占する快挙を成し遂げました。ところが六月三日に凱旋すると、二五日には朝鮮戦争が勃発します。

「勝っても負けても戦争すれば人は死ぬ」「スポーツの戦いは国を背負っているかもしれないが、終わればユニフォームを交換して笑顔で別れる。平和だよ、平和」だと、日本テレビのインタビューで、孫さんは語っています。

▼ボストンマラソンで、1、2、3位を独占した韓国チーム。前列左から咸基鎔、宋吉允、崔崙七。後ろに孫基禎

ワン、ツー、スリーを取った時の写真が残っています。孫さんのすごいところはそのあとです。次の年は朝鮮戦争の真っ只中で、韓国はボストンマラソンに出られません。その時に優勝したのが日本人の田中茂樹でした。戦争の戦火の中で、僕はどうやって電報を打ったのか知りませんが、田中茂樹さん宛に打っているんです。その内容は「タナカクンノユウショウハ、アジアノユウショウダトオモイマス。ココロカラオイワイモウシアゲマス。ソンキテイ」というものでした。

この「アジアノユウショウ」というのが僕はキーワードだと思うんです。彼は自分や韓国のみならず、日本、中国を含めてアジア人がスポーツの世界で頑張るという友好連

▼正面左から大島謙吉、寺島善一、隠れている一人おいて古在由重、川本信正、中野好夫（1989・12・10）
▼右下の写真の左側が孫基禎

帯を希求していた。それがこの文章に現れたと思われます。

＊平和のための活動

その後、一九八三年には大島鎌吉さんが呼びかけた「スポーツと平和を考える会」に出席されたり、ドイツ・オリンピック委員会の委員長のウイリー・ダウメさんや大島さんたちと一緒に「アフリカでオリンピックをやろう」と提案されている。金持ちの北半球の国だけでなく、貧しい南の国々でもスポーツが必要だと。スポーツにおける南北問題の解決を視野に入れていました。

この写真は「スポーツと平和を考える会」の設立総会の時のものです。高齢のお方には懐かしい顔があるんじゃないかと思うんですけども、事務報告している私の隣の左にいるのが大島鎌吉さんで、私の右隣の、隠れている一人をおいて哲学者の古在由重さん。それからスポーツライターの走りである川本信正さん。それから一番右端が東大の英文学の教授であって三高時代に野球部のキャプテンをやっていた中野好夫さん。皆さんスポーツに大変興味のあるお方で、こういう方々が参加して「スポーツと平和を考える会」を始めました。

その時の孫基禎先生の写真（前頁）があります。写真の左側が孫基禎先生です。古い写真が出てきましたので、紹介しておきます。

＊サッカー・ワールドカップの日韓共催

韓国の人たちには、日本人に対する恨《ハン》という概念が強くあると思います。孫さんの素晴らしいところは、それをアウフヘーベン（止揚）して日韓の協力に尽力されたところです。日韓の野球交流は中日新聞との協力で始まりました。一九八八年のソウルオリンピックで孫さんが聖火ランナーを務めることをスクープしたのは中日新聞ですが、孫さんと中日球団の伊藤社長は大変仲が良くて、二人で協力して、日韓の野球の交流を始めました。僕は中日ファンで、宣銅烈（ソン・ドンヨル）という、その時の大エースが中日に来たのには驚きました。そのあと李鍾範（イ・ジョンボム）、李尚勲（イ・サンフン）といった名選手がどっと中日に入った。

それから、二〇〇二年のサッカー・ワールドカップの日韓共催です。この共催のあとに、日韓の溝が溶けて文化とスポーツの交流が始まりました。いわゆる韓流ブーム、「ヨン様」ブームです。

孫さんは二〇〇二年の一一月一五日に、そのワールドカップ共催の成功を見届けて永眠されました。

＊参列なし、弔電ひとつ打たないＪＯＣ

ここでまたもう一つの問題です。韓国オリンピック委員会（ＫＯＣ）が公電としてＪＯＣに孫基禎が亡くなったことを伝えました。日本陸連にも打っています。ところが、この孫さんの葬儀に、日本からの弔電もなければ参列もなければ供花もない。孫基禎さんの死を無視したのです。

これは後日談ですが、『評伝 孫基禎』の韓国版が出た時に、ハンギョレ新聞の記者が、「日本に無視された孫基禎、韓国で忘れられた南昇竜」と評しました。ここには、孫基禎ばかりを称える風潮に釘を刺す皮肉がこめられていますが、逆に言うと、それほどまでに慕われた孫さんの死を、日本国家が無視する事態が起こったわけです。

そこで今日のセミナーを主宰する裵哲恩さんと相談して、明治大学で孫基禎先生を偲ぶ会をやることになりました。この時に参列してくれたのが小出義雄さんです。彼は千葉県の佐倉から雨の降る一二月の暮れでしたが来てくれて、孫さんの思い出話を語ってくれました。

＊平昌オリンピック　夢の実現

二〇一八年平昌オリンピックは、孫さんが追い続けてきた夢が実現したと思います。小平奈緒と李相花（イ・サンファ）の友情物語です。これはもう平昌オリンピックの名場面です。

李相花が三連覇を逃して泣き崩れると、そこへ優勝した小平奈緒が駆け寄って抱擁しました。「チャレッソ、よく頑張ったね」と。「プレッシャーの中でよく頑張った。今でもまだリスペクトしているよ」というようなことをお互いに言い合う。小平奈緒は「友情というきれい事じゃなく、二人で積み上げてきた絆があります。私がダメだった時には一緒に泣いてくれて、彼女から力をもらった。また次に進めたことが何度かありました」と語っています。まさにライバルは〝敵〟じゃなくて自分を高めてくれる〝仲間〟であると。ここには、孫さんとハーパー、孫さんとジェシー・オーエンスの間柄を彷彿とさせるものがあるわけです。

このスポーツの世界における友情と信頼の形成の可能性を見て、人権・平和のために行動した人は、孫さんのみならず世界にもいました。孫さんと同時期の人で、フィリップ・ノエル・ベイカーです。この方はノーベル平和賞もらっています。イギリスの軍縮運動に貢献して、なおかつオリンピックの銅メダリスト。彼は冗談で、オリンピックのメダリストでノーベル賞をもらったのは私だけだなんておっしゃっていました。これはその名言です。

「私は永年、政治の世界で働いてきた。政治の取り決めは一夜にして反故《ほご》にされたことがある。しかしスポーツの世界で培った、友情と信頼は失われたことが無い。この核の時代においてスポーツは人類の最大の希望である」

彼は広島と長崎の原爆禁止運動に参加されています。彼が亡くなったあと、広島の方からレリーフを作ろうという申し出があり、運動が起こってそれが今、広島にあります。

▼レース直後の小平奈緒と李相花（2018年2月18日平昌）

「スポーツと平和」　抵抗の歴史

その広島のレリーフに刻まれているのが「Man of Sport Man of Peace」です。「スポーツの人、平和の人」、これはまさに孫さんにも値する用語だと思います。

ノエル・ベイカー以外にも、キャシアス・クレイ（モハメド・アリ）ですね。彼はベトナム戦争に、良心的兵役拒否を表明して、自ら懲役になりました。「俺が何で一万マイルも離れた貧しい国に出かけていって人を殺さなきゃいけないんだ」と意思を示しました。

それからベラ・チャフラフスカ。彼女は東京オリンピックの花でした。エミール・ザトペックは、ヘルシンキオリンピックで五千、一万、マラソンと三冠取った人です。この二人は、ソビエトのチェコ侵略に反対して、二千語宣言に署名しました。

それから、あんまりご承知ないかもしれませんが、キャシー・フリーマン。彼女はアボリジニです。シドニーのオリンピックの四〇〇Mで金メダル。その時のインタビューで、「今日の勝利は私の勝利ではない、アボリジニの勝利だ」と言うわけです。

そしてオーストラリアのピーター・ノーマン。あとでお話しする「ブラックパワー・サリュート」の時に二位になり、表彰台でトミー・スミス、ジョン・カルロスとともに意思表示した人です。

アジアでは何振梁（ハ・ジェンリャン）。中国のオリンピック委員会の名誉会長、ＩＯＣの副会長をやられた方です。中国は遅くＩＯＣに入りましたが、当時ＩＯＣは貴族のサロンと言われていて、民主化が遅れていました。彼は、世界のいろんな国からＩＯＣ委員を出すべきだと訴えました。結局それがあとで買収のもとになるようなことにもなったかもしれませんけども、何さんのおっしゃることはよくわかるわけで、ＩＯＣはヨーロッパの貴族だけのＩＯＣ委員じゃまずいのです。

大島鎌吉さんは先ほど申し上げたように、孫さんの問題に毅然として対処し、日本のスポーツマンじゃ珍しく反核反戦活動をＪＯＣに提案したりしました。いろんなことをおやりになった方です。

＊大坂なおみ　ヒロイン・オブ・スポーツ

大坂なおみはすごい人です。「スポーツマンは政治のことを喋るなというふうに言われてきた。だけど、私はスポーツマンである前に〝一人の人間〟である」と言いました。「ＩＫＥＡの店員は家具の話しかしちゃいけないのか」と毅然として反論しています。ＩＫＥＡは家具屋ですけども、その店員は家具の話しかしちゃいけないのかというわけです。そして、ＵＳオープンで、虐殺された黒人の名前を印刷したマスクを着用してコートに立った。スポーツは社会の中にこそ存在しているというのです。彼女は本当の意味でのスポーツのヒロインだろうと思います。

私の恩師のジェニファー・ハーグリーブスさんの本に『ヒロイン・オブ・スポーツ』があります。「スポーツを全国民、人民のために獲得する運動をした女性。それをもってヒロインと言いたい」と書いています。アボリジニのキャシー・フリーマンさんだとか、それからアパルトヘイト下の黒人のスポーツ運動を組織した南アフリカの黒人女性たちとか、そういう人たちを彼女は例に挙げて、「彼女たちこそがヒロインだ」と説いています。この本は二〇〇二年に書かれましたから、大坂なおみは入っていませんが、彼女は人権ということを強く言い続けました。

アメリカの有名な女性テニスウーマンに、ビリー・ジーン・キングという人がいます。彼女はウィンブルドンで勝ったりしましたが、結局、アメリカのテニス界では珍重されていません。どういうことかというと、彼女はレズビアンだった。その彼女は、大坂なおみの行動を絶賛しました。これは差別された者同士の連帯だろうと思って見ています。

大坂なおみの思想と行動は、アメリカの底流にあったジェシー・オーエンス、モハメド・アリ、それからブラックパワー・サリュートと続いてきた、スポーツにおける人権と人間の友愛についての思想の連続性の中にあるんじゃないかと思います。彼女はいみじくも、東京オリンピックが延期になった時に次のように言っています。

「スポーツは人々の心を繋ぎ、感動を与えるパワーがあります。しかし、今私たちがしなければいけないことは、スポーツを救うことではなく、世界中の人々が人種や国籍の壁を越えて、数多くの命を救うのが一番大切なことです。これこそまさにオリンピック精神じゃないでしょうか」

だから、コロナ対策をしっかり考えない、そういうオリンピック精神っていうのはないだろうということなわけですね。

＊インスパイアされる孫基禎の表彰台

一九六八年にメキシコオリンピックの表彰台でブラックパワー・サリュートがありました。トミー・スミスとジョン・カルロスが黒手袋の拳を突き上げ、アメリカの公民権運動に連帯の意思を示しました。この行動のために、ＩＯＣやアメリカのオリンピック委員会から二人は追放されました。二位に入賞したオーストラリアのピーター・ノーマンも、二人とともにバッジをつけて表彰台に上がり、オリンピックから追放されました。たしかに一時期は、孫基禎さんがそうだったように、そうやって人権を主張した人間は差別や弾圧をされることがあったわけです。だけど、その後、彼らは名誉を回復します。ノーマンとトミー・スミスとジョン・カルロスの連帯は固く、ノーマンが死んだ時にはトミー・スミスとジョン・カルロスはオーストラリアまで行って棺をかつぐというようなことがありました。

ジョン・カルロスは、ロンドンオリンピックの前に、イギリスを訪問して大学で講演したそうです。私の友人の大学で講演をした時に、それをオーガナイズした私の友人が聞いたそうです。「ブラックパワー・サリュートのあの行為は、ベルリンオリンピックの孫基禎さんのあの行為を見てインスパイアされたのか」と言ったら、「まさにそうだ」とジョン・カルロスは言ったそうです。孫さんの控えめな抗議運動がジョン・カルロスにつながり、大坂なおみまで連なっていったと私は思う。だから孫さんの魂は、世界のスポーツマンにつながっていったというのが、私が今日お話し申し上げたいことなんです。

『評伝　孫基禎』発行後の反響

この『評伝　孫基禎』を発行した時に、日本のスポーツ界で孫さんを取り上げたことが珍しいとい

▼左端は韓国版翻訳者の金連彬さん。右端は韓国スポーツ振興財団の趙在基さん、その左隣は孫基禎記念財団理事長の金成泰さん

うことで、いろんな反応がありました。嬉しかったのは、明治大学の駿河台文芸（明治大学出身の作家たち、教授たちが参加している）、そういう中に、書評が取り上げられている。あと、ＮＨＫ「映像の世紀プレミアム（16）」というところで六月二〇日に放映されましたが、「オリンピック激動の祭典」。ベルリンオリンピックの孫基禎さんのいろんなパフォーマンスが、かなりの分量で入っております。そのディレクターから取材がありました。大変説得力のあるもので、ＮＨＫのＢＳで放映されました。『信濃毎日』は八回連続で特集記事を組みました。

そして韓国でハングル版の本が発刊されることになったわけです。この韓国版が発刊されたのが八月九日です。この日はベルリンオリンピックの孫さんの優勝記念日でした。それで、いろんな方から祝辞が寄せられました。韓国スポーツ振興財団の趙在基（チョ・ジェギ）さんを始め多くの反応がありました。

売れ行きは歴史文化部門で三二位。この写真の右端がスポーツ振興財団の趙在基さん。この方は覚えてらっしゃる方がいるかもしれませんけども、モントリオールのオリンピックで、日本の上村春樹さんに負けて銅メダルになった方です。一番左がこの本を訳した金連彬（キム・ヨンビン）です。

私の薄い本から比べたら大変立派な本になって私もびっくりしました。

読後感想文の中に、気になるものがありました。「日本人の教授の涙」というタイトルで、私は講義の最後に、孫さんの自伝の一番最後のページを読んだんです。「マラソンの優勝は私自身の悲しみ、我が民族の悲しみをいやというほど噛み締めさせるだけであった。国を失った人の優勝の栄光は全く無意味なもので、国を持つ民族は幸福である。祖国の土を夢見て走ることを誰が止めようか」という文章を読みながら、私は脆《もろ》くも涙をしてしまったわけですね。

文芸評論家全北大学の教授、王（ワン）さんっていうんですかね、「明治大学は孫基禎の母校である。教授の涙は学生たちの心を揺さぶった。学生たちは植民地支配の実相をある程度理解することができた。彼らを対象に調査した結果、講義の満足度は九〇％に達した。この寺島教授の植民者支配に対する悲しみと哀れみの涙は、教育的機能を十分に果たした。植民地支配を正当化しようとしている歴史修正主義者たちのそれとは全く違った立場である」。

この書評は私も望外の喜びで、私の思いをよく理解していただいたと思いました。そのあと、文在寅（ムン・ジェイン）大統領が八月一五日に孫基禎の名前を出して演説の中に入れたということがあります。

今、韓国でどのような反応があるかを、翻訳者の金連彬さんと今日オンラインで繋がっていますので、ちょっと聞かせていただきたいと思います。

（キム） 寺島先生こんばんは。今日、『孫基禎評伝』についていろいろ説明してくれましてありがとうございます。ご苦労様でした。

（寺島） 韓国での反応はどうでしたか。

（キム） 寺島先生がおっしゃった通り、韓国でもいろいろ報道されました。韓国のマスコミの中でもいろいろ扱ってくれまして、ハンギョレ新聞の方では二回にわたって記事を掲載してくれまして、また朝鮮日報も新刊を紹介してくれまして、東亜日報でも『評伝 孫基禎』を紹介してくれました。

さっき寺島先生がおっしゃったとおりの「日本人教授の涙」ということは、『評伝 孫基禎』に掲載されたことを韓国の文学評論家の大学教授がこれを扱ってくれました。

また、この『評伝 孫基禎』を韓国でも翻訳して発刊しましたけれども、私が今関心を持っているのは、ボストンマラソンのことです。ボストンマラソンでは、一九五〇年のことだけしか紹介されていませんが、実は一九四七年にも韓国の選手が優勝しています。その時韓国は日本の植民地支配からは解放されていましたけれども、まだアメリカの軍政の下で独立していなかった状況の中で、韓国の若い選手が参加して優勝を飾りました。これはまさに、一九五一年のボストンマラソンで日本の田中茂樹選手が優勝したことと同じこと、同じ価値にあたります。

でも、一九四七年の優勝の選手の徐潤福（ソ・ユンボク）選手はすでに二〇一六年に、三年前に亡くなられました。でも一九五〇年の優勝した咸基鎔（ハム・ギヨン）選手は、まだ健康に生活しているんです。日本の田中茂樹選手も、まだ亡くなられたとは報道されていないので、多分生存されていると思います。それで、今、日本と韓国の関係が冷え込んでいるので、韓国の一九五〇年の優勝者と日本の一九五一年の優勝者同士が一堂に会う場をつくってもらえればいいんじゃないかと思います。それを日本で、ぜひ、田中茂樹さんを探してくれないでしょうか。寺島先生にもお願いしましたけれども、たぶん探すことができると思います。

（寺島）ありがとうございました。

〔質疑〕

司会　寺島先生のお話を聞いて、さらに聞いてみたいとか疑問とかがあれば挙手でお願いします。

（Q）先生の話の中で、東京オリンピックの組織委員会の会長・森喜朗がスタンドで旭日旗で応援するのはOKだというような発言。これはどういうところでそういうことがしゃべられたのか。それからこれは新聞とかで報じられたのか。そのへん聞きたいですね。

（A）それを知ったのは新聞だったと思います。ブラックパワー・サリュートでもブラック・ライブズ・マターでも、スポーツ選手が政治的な発言をすることは、禁止するというのがオリンピックチャーターの中に書いてあるんです。でも、先ほど僕はセバスチアン・コーさんの話をしましたけど、彼も世界陸連の会長として、「ゲームが終わった後にトラックに跪《ひざまず》いて黒人の問題をアピールすることは構わない。それは表現の自由だ」と容認したわけです。その話と森さんのいう旭日旗持ち込み可という話は次元の違う話です。私は、森さんの話についてはそら恐ろしさを感じています。そんなことをしたら東アジアの諸国のスポーツマンたちが参加しませんよ、このオリンピックに。混乱を招くだけだと僕は思っています。

(Q) いまオリンピックは商業主義化しています。歴史的には、以前は国家が資金を出して選手を送り出して、自国の国旗をオリンピックで掲げる時代がありました。ロサンゼルスのオリンピックの頃から商業主義が非常に活発となり、結局スポーツ選手、オリンピック選手は企業のPRをやっています。そして今やグローバリゼーションの中で、国家と商業主義が一緒になっている。

じゃあ、理想のあり方はどうか。国家とも商業主義とも関係ない形のオリンピック。問題は経費の捻出、お金ですよね。そこは非常に難しいところで、市民が寄付をしてみんなでオリンピックやろうというのが理想だと思う。将来そういう時代が来ることを私は願いますけど、非常にジレンマだと思うんです。

(A) 今、盛んに言われているのは、華美になりすぎたオリンピックを簡素化しようということです。身の丈に合ったオリンピックにすべきだという問題意識が、たぶんあるだろうと思います。

その流れで「ユースオリンピック」というのがあるんです。今のオリンピックゲームの合間にやっていますが、これは一つの典型になるのではないかと思います。一八歳一九歳の若い子が集まってきて、国別にいろんな競技をする。そんなに経費もかけないで、オリンピズムの真髄をお互いに享受し、エンジョイしてゲームが終わって帰っていくというものです。

国ということを最初から掲げない。孫さんもインタビューの中でおっしゃっていますけど、戦っている時は国があるかもしれんけど、終わってしまえばもうノーサイド、ラグビーで言えばノーサイドだと。これが本当の意味でのスポーツマンシップです。「オリンピックも、戦う時は国を背負うかもしれんけど…」という孫さんの言葉、僕は含蓄の深い言葉だなぁと思っているんです。

司会　ありがとうございました。

（日韓記者・市民セミナー　第一六回　二〇二〇年一〇月一六日）

第Ⅲ講　虚構の「嫌韓」からの解放
——日韓の若者たちの相互意識

澤田克己——ジャーナリスト

学生の時の八九年に一年間、ソウルで韓国語を勉強しました。九九年から四年半、ソウル支局に行き、その後二〇一一年から四年間、ソウル支局にいました。

最初は金大中（キム・デジュン）大統領の途中からで、南北首脳会談や日韓のワールドカップがあり、日本に帰ったのは二〇〇四年の春でした。ちょうど二〇〇三年にBSで冬ソナのブームがあって、韓国に行った時と帰ってきた時となにかとても違う感じがしました。

二〇一一年は李明博（イ・ミョンバク）大統領の時で、サムスンの躍進が雑誌に出てずいぶん変わったなぁと思っていたら、李明博大統領が竹島に上陸し、朴槿恵（パク・クネ）大統領が慰安婦問題をめぐって日韓首脳会談はやらないと言い出すなど、二〇一五年に帰国した時は、これまた全然違うところに帰ってきたみたいな感じでした。今は論説委員として社説やコラムなどを書いています。

まずお話ししたいことは、韓流《ハンリュウ》のすごさです。その世界進出と、韓流の人気を喜ぶ心理がどういうものなのかということです。それから今、第三次韓流ブームなのですが、それを見る日本の視線はどういうものかということです。

韓流のおどろくべき世界進出

韓流が最近ホント目立っています。今年の二月初旬でしたか、『パラサイト』という韓国映画がヒットしました。『殺人の追憶』や『グエムル』で知られるポン・ジュノ監督の作品です。去年、韓国映画で初めてカンヌ映画祭で最高賞のパルムドールを取りました。それからアカデミーの作品賞を取りましたが、英語以外の作品としては初めてのことです。

そのちょっと前には、ゴールデングローブ賞という、韓国映画ではじめての外国語映画賞を受賞するなど、すごく売れています。アメリカで去年の外国映画の興行収入一位です。日本でもすごくヒットしました。

その他に、日本でも結構ニュースになりましたからご存じの方もいらっしゃると思いますが、K－POPです。たとえば防弾少年団、BTS。男の子が七人のグループです。彼らがどのくらいすごいかっていうと、ポール・マッカートニーと一緒にアメリカのテレビショーにゲストとして呼ばれたということでわかると思います。

なぜ彼らが出られたか、「ビートルズ知っているかい」と聞かれて、ヘイ・ジュードを歌ったかというと、彼らが去年の五月に出したアルバムに関係があるんです。ビルボードでアルバムチャートの一位を連発しました。二〇一八年六月にまず一枚目。同じ年の九月にもう一枚。翌二〇一九年四月にもう一枚。わずか一年足らずのうちに三枚のアルバムがチャート一位というのはビートルズ以来の記録です。

ちなみに日本の歌手でアルバムチャート一位は、残念ながらありません。シングル盤は、坂本九のいわゆる「すき焼きソング」、『上を向いて歩こう』がありますが、アルバムはない。

彼らは今年の三月にもアルバムチャート一位を出しました。だから二年弱の間に四枚、チャート一位を出したことになります。日本の歌手とは全然レベルが違う売れ方です。

韓国市場の限界と国としての認知・承認欲求

どうしてこんなに世界進出に熱心なのか。九七年のアジア通貨危機で韓国も大打撃を受け、金大中がその後に大統領に就任します。この政権がコンテンツという文化産業を振興しました。その頃東南アジアでは、韓国ドラマの人気が出始めていたんです。そこで輸出振興へと積極支援した。

一億三千万人の日本の人口に比べると、韓国は五千万人です。当時は四千数百万人で、国内市場だけでは成長に限界がありました。これはサムスンやLGとかでも共通のことで、限界があるから外に出なきゃいけない。それからもう一つ、韓国という存在を認知してほしいという承認欲求です。

そして外国に売ることを前提に作るのです。自分たちの自己満足では作らない。

これは日本の商社マンから聞いたことですけど、電化製品の販売で、日本のメーカーと韓国のメーカーではどこが違うか。韓国はそこで要求されるスペックのものを作り、日本のメーカーはオーバースペックのものを作るというんです。

そうすると、たとえば同じ製品でも日本の方が完成度が高いことにはなる。でも韓国も、日本より精度が低いとしても、たとえば百点満点で九七点とかまでは持っていくから実用的に問題はない。そこでたまに初期不良が出て顧客から電話がかかってきたら、韓国のメーカーは多少の初期不良を織り込み済みなので、「すぐ新品と取り替えます」と言って交換する。すると、値段も手頃だし、性能はそこそこいいし、なによりも「アフターサービスがいい」と言われる。

九七から九九・九にもっていくことはすごく大変です。日本のメーカーは九九・九でやるわけです。九七まで持っていくのと九七から九九・九に持っていくのとでは、労力が全然違うし、コストがかかる。さらに日本のメーカーは、九九・九とか九九・九九まで持っていったと思っているから、電話が来ても、「いや、ウチのが壊れるはずがない。使い方が悪いんだ」みたいな態度をとられて、「アフターサービスがなっていない」と言われる。これは結構ボディーブローのように、特に新興国では効いてくるという話をされていました。

市場の限界と承認欲求はすべてに通じていて、BTSの曲もそうですし、KARAとか少女時代とか、TWICEもそうです。べつに韓国の伝統文化をやっているわけではありません。韓国の伝統音楽とか韓国っぽい音楽を売っているわけではありません。売れるものを作る、西洋のものをちょっとアレンジしてやっている。

映画にしても、たとえば『パラサイト』は格差社会の中での、格差をネタにしたブラックコメディーです。舞台はソウルで、出てくるのは全部韓国人ですけど、どこの国の人でも共感できるというような感じの作り方をしています。

それから、韓国では著作権に関する法整備が遅れたこともあって、著作権をワンパッケージで処理することが普通になっています。そうすると売るのが簡単なんです。日本のドラマは、出演者や原作者の許諾を個別に取ってからでないと売れません。韓国には「コンテンツ振興院」というものがありますが、そこの人は「日本のドラマは、ジャニーズが出たらもう輸出が難しい。日本国内での視聴率は上がるかもしれないけれど、もうそれで輸出できないじゃないですか。話になりませんよ」と言っていました。

業界の力関係として、出演者と芸能事務所よりもコンテンツ制作者が結構強いということがあると思います。

政策として、もちろん成長を見込める産業としての期待というのはあるし、国家イメージ、国家ブランド、国家価値の向上というのも見込める。それから他の産業への波及効果。インバウンドはいま世界中に駄目ですけども、そういったものへの効果が狙えるというようなところがあるかと思います。

コンテンツ振興院の「ストーリー販売」

金大中政権が力を入れたと申しましたけども、最初、分野ごとにその支援の組織を作りました。必要に応じて作ったとは思いますが乱立した。そこで、二〇〇九年にコンテンツ振興院という組織にまとめました。

要するに日本だとクールジャパンです。クールジャパンとの違いを聞くと、「ウチはちゃんと予算を持っています」と言われました。「クールジャパンは補助金ベース。プロジェクトを立てて役所から補助金をもらって事業する。ウチは最初から国の予算を持っているので、企画したことをどんどんやることができる」というのです。

ただ、もうドラマとかK－POPは支援対象ではないそうです。国家ブランドのイメージアップのために、商業ベースでの展開が難しいアフリカへの売り込みなどはやるけれど、日本やアメリカ、中国への売り込みは民間にまかせる。そして、「いま力を入れているのはストーリーの販売」だと言われました。

「ストーリーの販売」と言われてもピンときません。それは何かと聞いたら、要するに「種」なんです。物語の種です。ストーリーを一つきちんと作り込んでおけば、そこからドラマが出てくるし、映画にしてもいいいし、ゲームになってもいい。漫画にもなる。

韓国では毎年その公募展をやっています。ストーリー公募です。大賞の賞金が一億ウォン、一千万円くらいです。韓国政府がやる中で一番大きい賞金らしい。そうして発掘された優秀な人たちには、ソウル郊外のセンターに入る権利がある。そこではさまざまな資料を自由に使え、支援を受けることができます。

たとえば医療モノのストーリーをつくるとか、あるいは法廷サスペンスをつくろうというクリエイターがいたら、実際に医療関係者や弁護士を呼んできて、現場の話を聞けるようにしてあげる。作家の卵が自分でプロを読んでくるなんて無理ですから、そこをコンテンツ振興院がやってくれる。そうやって知識を吸収してもらってコンテンツの完成度を高めます。

その中から年に一回、一〇本ぐらいをピックアップして、日本とアメリカと中国で展示会をやるんです。プレゼンですね。紙芝居みたいな感じでストーリーを作って、現地の俳優さんを何人か雇ってその人たちにその場で演じさせるというか、ストーリーを読んだりさせる。東京だとテレビ局とか制作会社の人たち二〇〇人ぐらいを呼んで一日やって、その前後の日には大手のテレビ局だとか、映画会社だとかに営業して回るんです。

中国で何年か前に大ヒットした韓国ドラマ『太陽の末裔』は、この枠組みから出てきたものです。三、四年前にフジテレビが放送した『グッド・ドクター』というドラマもそうでした。ストーリー（種）をフジテレビが買って、フジがドラマをつくりました。韓国のテレビ局も『グッド・ドクター』という名前のドラマをつくっている。アメリカのテレビ局も、『グッド・ドクター』をつくっています。アメリカではシーズンスリーまでいっている。

コンテンツ産業の輸出額は完全に右肩上がりです。二〇〇五年が一三億ドル。二〇一八年が九六億ドルですから、ざっと七倍です。一三年間で七倍になっている。アメリカのコンテンツ産業とは比べ物にならないですけど、やっぱりこの伸びはすごいです。クールジャパンというか、日本のコンテンツの輸出の伸びとは桁が違う感じになっているというのが現状です。

認知・承認欲求の底にあるハーグ密使事件

先程申し上げた韓国の承認欲求についてですが、今から八年前の二〇一二年、韓国の文化外交について書くことがあって、韓国外務省の文化外交局に行きました。

自国の文化を海外に出すという文化外交を、韓国はいつから始めたのか聞いたんです。金大中政権から輸出ドライブをかけているので、その時からと思っていたら、意外にも「一九四八年の建国以来です」と言われました。建国以来、韓国文化を世界に広めたいと思ってきたというのです。いろいろ話を聞いていると、「日本でもないし中国でもない、日本人とも中国人とも違う独自の民族、独自の言葉と独自の文化を持つ韓国という国がここにあるということを知ってもらいたい」という考えが背景にあるのだと分かりました。

その時に、もう一人、李御寧（イー・オリョン）さんという『「縮み」志向の日本人』を書かれて日本でも結構売れた文化人にもインタビューしました。日本語ベラベラで喋り始めると止まらない。この当時、『江南《カンナム》スタイル』っていう曲があって、ダンスミュージックですけど、ヨーロッパやアメリカではすごくヒットしました。イギリスのシングルチャートで一位、アメリカのビルボードでもシングルでは二位だったかな、すごく売れていました。韓国でも、曲自体よりも世界的に売れたことで、すごい騒ぎになったんです。

それで李御寧さんに、韓国人は騒ぎすぎじゃないですかと聞いたら、「韓国人は今まで外から圧迫されて悔しい思いを続けてきた」「自分たちは絶対勝てないと思っていたけど、そうでもないことがわかった。そうなったら騒がない方がおかしいだろう」とおっしゃっていました。

韓国の近現代史を見ると、朝鮮半島における権益を争った日清戦争で日本が勝って、朝鮮はもはや清の属国ではないと認めさせました。だけど結局、日本がどんどん勢力を伸ばし、日露戦争でロシアも排除して、一九〇五年に韓国を「保護国」にしました。日韓保護条約というのを結んで外交権を剥奪したんです。その時に起きたのがハーグ密使事件（一九〇七年）です。

最近は高校でちゃんと習うそうです。「大韓帝国」と名前を変えていますが、時の皇帝・高宗（コジョン）が「日韓保護条約は本意ではなく、日本に強要されたものだから不当だ」と、オランダのハーグで行われた万国平和会議に密使三人を派遣して列強に訴えようとするんです。

ところが入り口ではじき出されました。「韓国は外交権を日本に委託しているのだから、君たちの代弁は日本がする」というのです。そして一九一〇年に日韓併合です。

一九四五年の日本の敗戦で解放されましたが、南北が分断され朝鮮戦争が起きました。六一年に朴正熙（パク・ジョンヒ）のクーデターがあり、六〇年代、七〇年代、八七年の民主化までの間、とにかく漢江《カンガン》の奇跡に至る開発独裁の時代がありました。この時代、経済はめざましく成長しました。八七年民主化を経てソウル五輪があり、九六年にOECDに加盟します。

そして九七年アジア通貨危機です。ところが韓国はV字回復します。かなりの痛みを伴いましたが、マクロで見ると本当にV字回復しています。そして二〇〇二年サッカー・ワールドカップで四強になった。韓国社会はどんどんどんどん自信をつけるわけです。その後二〇一〇年、ソウルでG20の首脳会議（サミット）を開くまでになりました。

G20サミットは、去年の六月に大阪でもやりましたけれど、日本では別にそれほどのことではありません。G7サミットも伊勢志摩、洞爺湖、沖縄でやっていますが、それほどのものではない。

ですが、韓国にとってG20ソウルサミットは別格だったんです。ソウルの真ん中の清渓川《チョンゲチョン》という、暗渠だったものを開けて工事してすごくきれいにした川で、成功を祈念する灯籠がたくさん飾られました。広報の映像がたくさん作られ、その中の一つは「G20ソウル、世界の中心に立つ」といったようなタイトルでした。すごい盛り上がりでした。

当時の李明博大統領は「議長国としての歴史的使命」を語ったりするわけです。背景にあったのはハーグ密使事件です。この事件とG20は、韓国にとってワンセットでした。

G20ソウルサミットの開催は二〇〇九年に決まりました。ワシントンでサミットを開いた時、次はソウルにと決まったんです。その時に誘致の旗振り役をやった大統領経済特別補佐官の司空壹（サゴン・イル）さんが、ソウルに帰る大統領専用機の中で韓国人記者団に、ソウル開催の意味をブリーフした、その時、開口一番に言ったのがハーグ密使事件です。

「ハーグ密使事件以降、われわれは国を失った。一九九一年になってやっと国連に入り、二〇〇九年にG20を任された」「G20の議長国としてグローバルな諸問題を論議し決定していく作業を主導的に行うことになった。これは、我々の外交史的にみれば本当にはじめての途方もないことだ」というふうにおっしゃった。

その後、司空さんにインタビューする機会があったので、二〇〇九年のこの発言について尋ねました。そうしたら、「ハーグでは国際社会に入れてもらえなかったんだよ」と。「それから百年経って、それが世界の主要二〇カ国の議長をやる。すごいことだ。感慨無量じゃないか」とおっしゃった。

この歴史が、韓国という国がここにあることを知ってもらいたいという承認欲求に通じてくるわけです。韓流ブームをすごく喜ぶ心情にもつながってきます。

「第三次韓流ブーム」に見る変化

今日こちらに来てらっしゃる方は日韓関係に関心をお持ちでしょうが、「第三次韓流ブーム」と言われて肌で感じてらっしゃる方はどれくらいいらっしゃいますか。「第一次韓流ブーム」は冬ソナです。これは皆さんご存知。「第二次韓流ブーム」は二〇〇九年とか二〇一〇年ですが、これはグン様、チャン・グンソク。『宮廷女官チャングムの誓い』とかです。そして少女時代とかKARAです。この辺まではメディア主導で、テレビで放映して火がついていったので一般にも知られています。

ところが第三次韓流ブームの特徴は、いつ、何から始まったのかはっきりしないことなんです。だいたい二〇一六年から一七年にかけてですが、コスメとかファッションとか食品などの商品がSNSを通じて拡散していったんです。だから、いつ何がきっかけでブームになったのかわからない。しかも十代の子たちの間にどんどん広まった。ツイッターやインスタをやらない大人は知らない。やっていても、自分のところに流れてこない。見えてないです。

こういうと、嫌韓の人は「何をバカなこと言ってんだ。お前、韓国の回し者か」とか、訳のわからないこと言われますが、彼らは本当に認知していない。中には、「ウチには高校生の子供がいるけど、そんなこと全然知らない」という人もいます。それはウソじゃない。本当に知らないんです。

なぜでしょうか。こういう韓流トレンドに詳しい若い人に聞くと、その家の教育方針でSNSをやらない子がいるというんです。「かっこいい」とか「かわいい」とかにあんまり興味ない子もいるそうです。興味ない子は情報に接しないし、家にも持ってこないので、親は「なにそれ？」ってなるんです。「あんたの子供が関心を持ってないだけだよ」っていう話で、現実にはすごいブームになっています。

『日経トレンディ』という雑誌があります。年末に、毎年「ヒット商品ベスト三〇」をやっています。二〇〇四年は一位が「冬のソナタ」で二〇一一年は七位にマッコリが入ったり、一八位にホンチョという飲むお酢が入ったりで、韓流関係の商品が入ってくるんですけど、第三次ブームでは一個も引っかかってきません。

ところが「ＪＣＪＫ調査隊」というのがある。ＪＣは女子中学生、ＪＫは女子高生です。その「ＪＣＪＫ流行語大賞」を見ると、二〇一七年はヒト部門の一位がＴＷＩＣＥでモノ部門の一位がチーズタッカルビ、三位が韓国コスメのウユ（牛乳）クリームです。二〇一八年もモノ部門の二位はピンモン。ピンクピンクモンスターという、韓国風に撮れるプリクラです。その説明が全部韓国語で、なんでも韓国っぽく撮れるらしいです。インスタグラムでは、それで撮ったやつを「韓国っぽ」と言うらしいんです。ハッシュタグの「韓国っぽ」で、何万と上がっているらしい。そして三位がチーズドッグ。四位はＰＲＯＤＵＣＥ48（プロデュース フォーティーエイト）。これは韓国のケーブルテレビで放送された日本と韓国合作の、日本の子たちも参加したオーディション番組です。

『日経トレンディ』は、おじさんとかおばさんとかの世界です。そこにはまったく出ないないけれども、女子高生や女子中学生の流行語大賞で見たらバンバン入ってくる感じになるんです。

どうして若者だけなのかというと、ここには少子高齢化が影響してきます。少子高齢化の日本で、十代の子たちを相手にしていても商売にならない。二〇一五年や一六年くらいに、雑誌でも女子中学生とか、まあ十代の女の子を対象にするような雑誌がどんどん廃刊や休刊になっちゃうわけです。十代は人数が少ないし、お小遣いも少ないから使ってくれない。商売の相手として想定しないわけです。マーケティングでも、一番若いターゲットは二十代の男女だといいます。十代は最初からマーケティングの対象にしていない。ところが、K-POPだとか、韓流はそこをちゃんとついてくる。

韓流、K-POPは韓国独自の文化というより、西洋文化を消化してアレンジしているものです。だから欧米にも受け入れられやすくなっている。でも、よく考えたら、一九八〇年頃まで、韓国に入ってくる西洋文化は日本経由だったんです。日本が受け入れた西洋のカルチャーが、日本経由で韓国に行っていた。もちろん最近は、欧米からダイレクトに韓国へ入っていきますが、かつては日本経由だった。そうなると適度に日本っぽさも入っているので、日本の子たちにはすごく親和性が高いのではないかと思います。

「スクールカースト」と「感情温度」

韓国はデジタル大国で、SNSで流行発信されるのでそれに長《た》けている。何年か前に「インスタ映え」という言葉が流行しましたが、基本的に韓国のものはインスタ映えします。インスタ映えするようにつくっているんです。

なぜ若者に流行《はや》るかということですが、若い子たちは「お小遣いが少ない」という点もポイントです。「スクールカースト」という言葉があるそうです。学校の中での序列です。女の子の場合、ちょっとおしゃれな子はカーストが上位です。それに、今三〇歳位の人は、高校生の時に携帯を持っているかどうかで、その序列が変わったようです。その後はスマホ持っているかどうか。今はもうスマホをみんな持っているでしょうが、何年か前だと持っている子は少なくて、持っている子がイケてるみたいな感じだったわけです。

スマホがあれば、K－POPはユーチューブでバンバン流している。ユーチューブでK－POPの動画見るとかはタダです。通信料さえ払えばいい。なので、お金がかからない。最初にイケてる子たちがそのツールを持っていて、その子たちの間で「かわいい」とか「かっこいい」っていうので流行っていく。そうすると周りの子がみんなそれに引きずられる。全員というわけじゃないけれど、そういう感じになるんですね。

もう一つ。若い人たちと中高年が見ている韓国は全然別物なんです。社会学者が日本で二〇一七年に、ネットで七万七千人規模の意識調査をして、韓国と中国とアメリカについて「感情温度」というものを聞いたんです。感情温度とは、五〇を中立にして、好きだったら五一から一〇〇のどこか、嫌いだったら〇から四九のどこですかと聞くものです。どうやってもあまり高い数字は出ないそうですけども、韓国の場合には、三〇超えたあたりです。女性の方が高いけれども、若い二〇代と中高年世代で全然違うんですね。若い子の方が好感高い。

政府が毎年やっている外交に関する世論調査にも、韓国に親しみを感じますかという質問があります。これは若い子と高齢者で、ものすごい落差があります。去年だと、二〇代と七〇歳以上だともう三倍くらい違います。こうした落差は、二〇一二年以降に出てきた現象です。

中国とかアメリカに対してはそういうことがない。中国もアメリカも大体どの年代も大して変わらないです。韓国だけが違うんです。韓国と中国で好感度の低さはたいして変わらないのですが、世代間格差というグラデーションは韓国しかついてないんです。

日韓の国民所得はほぼ対等

なぜこんな意識の違いがでるのか。

一九九〇年代以降の三〇年間というスパンで日韓を見ると、日本側は総じてよろしくない。バブル崩壊以降いいことがない。一方で韓国にとっては、いい時代だった。もちろんこれから少子高齢化になって大変ですけど。少子高齢化は日本も大変ですが、韓国の方が高齢化のカーブがすごくきつい。だから、より大変だとは思いますけども、今のところはそれほどでもない。

韓国の高度成長といってイメージするのは、六〇年代から八〇年代にかけての漢江の奇跡です。でも、その時代は日本も経済成長を続けたので、九〇年頃までは日本と韓国の格差はそれほど詰まっていない。ところがバブル崩壊後、日本が立ち止まっている間に、韓国はどんどん伸びてきました。そ

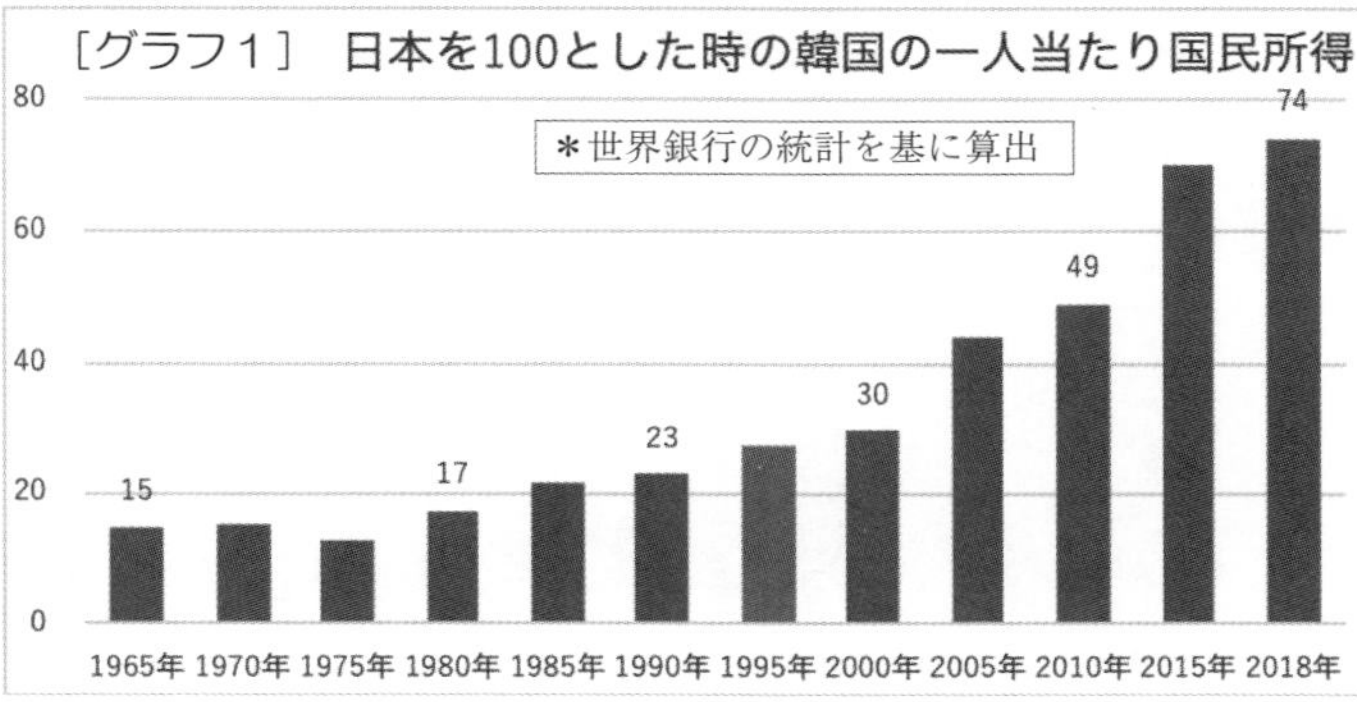

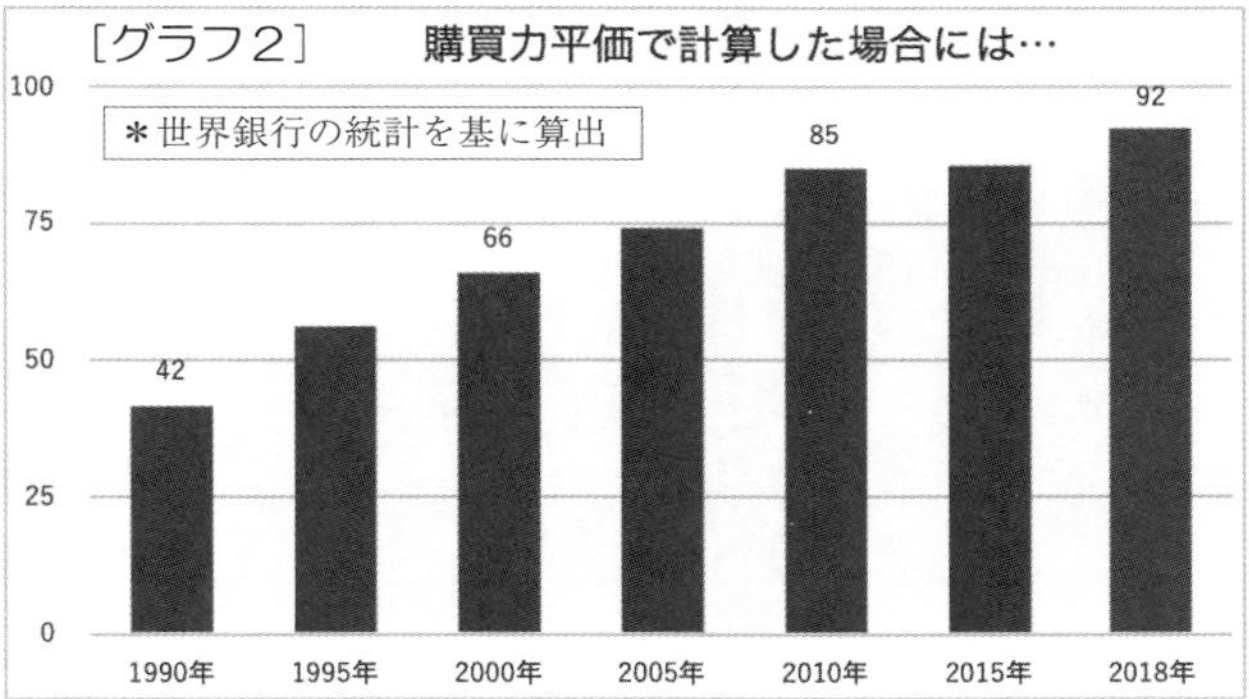

のために、この三〇年間で差はずいぶん詰まりました。

一人当たり国民所得を日本を一〇〇とした時に韓国はいくつですかという［グラフ1］を作ってみました。一九六五年で一五。漢江の奇跡を経て、九〇年でも二三です。一五から二三にしか上がってない。ところが、九〇年から二〇一八年までの二八年間でいうと、二三から七四まで上がっています。

物価の違いを勘案した購買力平価という、単純な換算ではない方法で比べたのが［グラフ2］です。これは九〇年以降しかないんですが、九〇年は四二です。これが二〇一〇年には八五、二〇一八年は九二まで上がっている。一〇〇対九二ですから、もうほとんど一緒です。このグラフから見てもわかるように、日本と韓国の差が縮まったのは、漢江の奇跡の時ではなくて、バブル崩壊後のことなんです。

いま二〇代の若者には、経済力の比較で一〇〇対九二という韓国が見えているんです。完全に対等、水平です。

中高年世代は、かつての韓国を見ています。そのイメージを引きずっているから上から目線になりがちです。安倍政権の政策を見てもそうなんですが、そこをきちんと認識していない。

だから、たとえば半導体の素材についても、これをやったら韓国はビビるだろうと思ってやっている。でも、世界中にユーザーがいる韓国の半導体生産を本当に止めたらとんでもないことになるから、まず止められない。だからブラフで、結局何の痛みも与えない。むしろ日本の素材メーカーも困る状況になった。こういうところを間違えているからだと思います。

政治的な関係の難しさは双方に原因があると思います。日本には昔の感覚を引きずっている部分がありますす。だけど韓国は韓国で、この三〇年で急速に追い上げてきたから仕方がないところもありますが、ちょっと行き過ぎている。

韓国も日本のことを適正に見ているわけじゃないんです。もう古臭くて遅れてる国だなぁっていう感じになっています。ちょっと行き過ぎですね。お互いに相手のことをまともに見ていないところがあります。これは普通に交流していただけでは埋まらない話だろうというふうに思います。

日韓の若者たちの相互意識

このような感じですから、お互いに相手を適正に評価できるようにならないといけないんです。そのようなところにあると思います。

韓国の行き過ぎている部分は、対日関係を軽く考えすぎているということになります。対日政策なんて考えてないに等しい。

たとえば李明博大統領が竹島に上陸したり、天皇に謝罪を要求するような発言をする。さらには、国際社会での日本の影響力も昔ほどじゃないとまで言った。この発言に日本の政官界はカチーンときたわけですね。竹島上陸なんかより、こっちの方に怒っていた。ところが韓国は国力向上で高揚感に溢れているので、そういうことを軽くやってしまう。

あるいは朴槿恵大統領が就任当初、慰安婦問題が進展しなかったら日韓首脳会談をやらないと言ったのもそうです。問題の複雑性や難しさ、日韓関係の重要性といったことをきちんと考えたらそんなことできない。慰安婦問題は大事ですよと言うのはいいけれども、これが進まなかったら首脳会談をやりませんなんて、そんな乱暴なことは普通だったらできない。それをやってしまった。

あるいは、文在寅政権の最近の対日政策というのも基本的にはそんな感じです。あまり考えてやっているようには見えません。

たとえば、徴用工裁判で日本企業が負けて資産を差し押さえられた。それを現金化されたらほんとに大変なことになるから現金化したら報復せざるを得ない。現金化しないでくれ、絶対するなと日本は言っています。ところが韓国側は、現金化したって日本にできることは何もないでしょ、韓国にも別に痛くなさそうだし、まぁいいんじゃないのという人までいるわけです。これでは困るので、何とかしてくださいねっていう感じのところで、こじれまくっているという感じだと思います。

韓国に向き合う日本の二〇代に「上から目線」はないです。そもそもない。先月、東京外大で話をしました。大学の授業で話すと、感想を書いて送ってきたりしますが、それを見ると、もう「上から目線」どころか、韓国の文化に憧《あこが》れているわけです。「憧れ」って、さすがに私もあんまり考えたことなかったけど、今の学生はこの言葉を普通に使います。その世代差は知っておいていいと思います。どうもありがとうございました。

〔質疑〕

司会　それでは会場の皆さんからもうちょっと聞きたいところがあればお願いします。

（Q）日韓関係は、日朝問題も含めていろいろ難しい状況があるわけですけど、日本には民団、朝鮮総連などの在日がいますが、在日が本国や南北統一のためにできる努力が何かあるでしょうか、どう思われますか。

（A）北朝鮮まで入るとさらに難しくなってきますけど、とりあえず日本と韓国に関していうと、在日の方の場合は、韓国と日本の両方に向かって、昔とは違うことを発信していくしかないのかな、と思うんです。

韓国の人の統一に関する考え方、感覚も、その難しさがわかると言えばわかるんです。二〇〇〇年の南北首脳会談の後、南北協議があって北朝鮮から代表団がソウルに来た時のことです。朝鮮民航の飛行機が金浦空港に止まっているのがニュースで流れました。僕はその時ソウル支局にいましたが、二〇代前半ぐらいの助手の韓国人女性が、その映像を見て「ちょっと怖い」と言いました。「統一なんて全く現実味のないものだと思っていた。それなのに北朝鮮の飛行機が金浦空港に止まっているのを見ると、本当に統一するのだろうかと怖くなってくる。統一なんかしたらどうなるんだろう」って言ったんですね。世論調査をしても「一日も早く統一を」という人は一割です。

それから日本での誤解ですが、「文在寅は左派で、北朝鮮が好きみたいだから、統一をしたがっている」という見方があります。しかし、物事はそれほど単純じゃない。そういうことも説明しないと分からない。両方の国がわかる在日の立場から、説明していくしかないのかな、と思います。

（会場意見）今の若い子は韓国を対等に見ているという話ですが、僕は今二二歳で、同年代からちょっと若い人たちに接していて、同じような感想抱きます。世代間の断絶というのもその通りです。ただ、これは僕が直接言われたし、日韓の若者の交流サイトでもたまに見ることですが、「韓国は好きだけど在日は嫌い」というものが、若い人に結構あるんです。

それから韓国に一〇年ちょっと住んでいたんですけど、在日だとわかって、「なんなん在日やったん」って。「在日嫌い」って直接言われました。

盲点になりやすいのですが、特にインテリゲンチャの在日に対する認識ってきっと日本でも韓国でも五〇年前とあんまり変わっていないです。若い人の間でもね。もしくは在日の存在自体を知らないか、そのどっちかなんです。少数派と言うか、忘れられる存在じゃないですか。ある意味で歴史の傷跡、それ自体でもあるわけで、そういったものの視点っていうのもあればと思いました。

（澤田） どうもありがとうございました。それは今でもそうですか？

（会場意見） 昔ほどでは無いですけど今でもそうです。空気として感じます。

（Q）私のまわりにも韓国の若い人が時々ホームステイで来るんです。非常に日本を好きなんですよ。二〇代ぐらいです。若者同士が交流して関係を構築していこうとした場合によく歴史認識の問題が出ます。日本ではほんとに日韓の歴史の知識が弱い。教えられていない。片や韓国では徹底的に日韓関係の歴史を教えていて、ある意味では反日的な教育もなされているというふうに聞いています。若者同士がどういう形で日韓関係を構築していったらいいと思いますか?

（A）歴史認識について、日本では教育が足りないとよく言われます。私も近現代の日韓関係の歴史をもっと知った方がいいと思います。

その上で二点あります。特に韓国が言う歴史認識は立場付きなので、いくら勉強しても彼らと同じ立場にはならない気がします。僕自身は普通の同世代の人よりはある程度知っていると思いますが、決して韓国の人と同じ認識ではないでしょう。日本人というか日本側の立場が染み付いていて、そもそも考え方が違います。論理の立て方も違うし、どこに重点を置くかも違います。ですから、日本の子たちが勉強すれば自然に一致するという事はないと思います。

もう一つは、日本の近現代史では、慶応大学の細谷雄一さんの『戦後史の解放』という本があります。新潮選書で三冊セットでなかなかいい本です。明治期から一九五〇年サンフランシスコ講話条約ぐらいまで、日本史と世界史を両方目配せしながら見ないとわからないという考え方から、世界史と日本史をミックスさせたすごく面白い本ですが、その本には朝鮮はほとんど出てきません。

日本の近現代史の中で朝鮮が占める割合と朝鮮・韓国の近現代史の中で日本が占める割合は違います。一九一〇年の日韓併合、あるいは一八九四年の日清戦争から一九四五年までの韓国は、日本抜きでは何も語れません。だけど日本では、一九三一年満州事変以降から敗戦に至るまでが大きな問題になるわけです。歴史の教科書の扱いで、日韓に差が出るのはある程度どうしようもないと思います。

ただ、日韓には複雑な歴史があるから、もっと基本的なところを押さえた方がいいということはあるとは思います。

相互に交流して友人をつくることは、底抜けをしないためには非常に大事だと思います。日韓関係を底抜けさせないための歯止めにはなると思います。でも、それで国と国との関係が良くなるかと言われると、あるいは政治的な立場や考えが変わるかと言われると、それはちょっと幻想かなと思います。

結局、お互いを知った上で、「お互いの立場は違うよね」「一緒になれないところもあるよね」ということを前提に、「でも、あなたがそういうふうに考えるのも理解できるよね」という関係になっていくべきなのでしょう。そこでお互いに納得していかないと、安定した関係を築くこと難しいと思います。

司会　ありがとうございました。

（日韓記者・市民セミナー　第一〇回　二〇二〇年七月一日）

YouTube「KJテレビ」日韓記者・市民セミナー

動画配信　二〇二一年八月三一日現在
●印はブックレット収録済

●第1回　二〇一九年八月三日
「関東大震災「朝鮮人虐殺否定」論反証」　加藤直樹（作家）

○第2回　二〇一九年九月二五日
「よく知らない韓国（人）を知ろう」　権　鎔大（経営コンサルタント）

●第3回　二〇一九年一〇月一八日
「特攻隊員として死んだ朝鮮人の慰霊事業」　黒田福美（女優）

●第4回　二〇一九年一〇月二六日
「JOCの不可解な動き」　谷口源太郎（スポーツジャーナリスト）

●第5回　二〇一九年一一月二四日
「北送事業60年の総括」　菊池嘉晃（ジャーナリスト）

●第6回　二〇一九年一二月一二日
「韓国ヘイトと対処法」　香山リカ（精神科医）

○第7回　二〇一九年一二月一七日
「在日二世の数奇な半生」　尹　信雄（元民団倉敷支部団長）

●第8回　二〇二〇年二月一〇日
「安倍政権の内政と外交」　小池　晃（日本共産党書記局長）

●第9回　二〇二〇年二月二一日
「南北韓と韓日関係の展望」　平井久志（ジャーナリスト）

●第10回　二〇二〇年七月一日
「虚構の「嫌韓」からの解放」　澤田克己（毎日新聞論説委員）

●第11回　二〇二〇年七月一五日
「川崎でのヘイトスピーチ攻防」　石橋　学（神奈川新聞記者）
○第12回　二〇二〇年八月五日
「在米コリアンと日系米人社会」　金真須美（作家・大学講師）
○第13回　二〇二〇年八月二六日
「多様性の中の在日コリアン」　金村詩恩（作家・ブロガー）
●第14回　二〇二〇年九月二日
「朝日新聞の慰安婦報道と裁判」　北野隆一（朝日新聞編集委員）
●第15回　二〇二〇年九月一六日
「平行線をたどる徴用工問題」　殷　勇基（弁護士）
●第16回　二〇二〇年一〇月一六日
「『評伝 孫基禎』の上梓とその後」　寺島善一（明治大学名誉教授）
○第17回　二〇二〇年一〇月三〇日
「復刻『関東大震災』の意義」　高　二三（新幹社社長）
○第18回　二〇二〇年一一月一八日
「キムチが食べられる老人ホーム・故郷の家」　尹　基（社会福祉法人「こころの家族」理事長）
●第19回　二〇二〇年一一月三〇日
「日本学術会議会員任命拒否問題の背景にあるもの」　纐纈　厚（明治大学特任教授）
●第20回　二〇二〇年一二月八日
「差別と偏見の現場取材」　安田浩一（ノンフィクションライター）
○第21回　二〇二一年四月二七日
「『韓国ドラマ食堂』にまつわるよもやま話」　八田靖史（コリアン・フード・コラムニスト）
○第22回　二〇二一年七月一四日
「「民族差別実態アンケート」から見るヘイトスピーチ」　権　清志（朝鮮奨学会代表理事）

〔著者紹介〕

● 谷口源太郎（たにぐち　げんたろう）

1938年、鳥取市生まれ。早稲田大学中退。講談社、文藝春秋の週刊誌記者を経て、1985年からフリーランスのスポーツジャーナリスト。新聞、雑誌、テレビ・ラジオを通じて、スポーツを社会的視点から捉えた批評を手がける。

1994～95年に『東京新聞』に連載した「スポーツウオッチング」で、1994年度「ミズノ・スポーツライター賞」を受賞。

主著：『日の丸とオリンピック』（文藝春秋）、『冠スポーツの内幕―スポーツイベントを狙え』（日本経済新聞社）、『スポーツを殺すもの』（花伝社）、『巨人帝国崩壊―スポーツの支配者たち』（花伝社）、『スポーツ立国の虚像―スポーツを殺すものPART2』（花伝社）、『オリンピックの終わりの始まり』（コモンズ）など多数。

● 寺島善一（てらしま　ぜんいち）

1945年、名古屋市生まれ。東京教育大学卒。名古屋学院大学講師、明治大学専任講師・助教授を経て、英国Brunel University（元West London Institute of Higher Education）客員研究員。その後、明治大学教授。英国St. Mary's University客員教授。2016年、明治大学名誉教授。

著書：『評伝 孫基禎』社会評論社、『リベラルアーツと大学の自由化』（共著）明石書店、『境界を超えるスポーツ』（共著）創文企画、『現代のスポーツ百科事典』（共著）大修館書店、『「身体・スポーツ」へのまなざし』風間書房など。

翻訳：『現代社会とスポーツ』Peter C McIntosh著、大修館書店。『スポーツの世界地図』Alan Tomlinson著、丸善出版。

● 澤田克己（さわだ　かつみ）

1967年、埼玉県生まれ。毎日新聞論説委員。慶應義塾大学法学部卒業。在学中、延世大学(ソウル)で韓国語を学ぶ。1991年毎日新聞社入社。政治部などを経てソウル特派員を計8年半、ジュネーブ特派員を4年務める。外信部長を経て、2020年より現職。

著書：『「脱日」する韓国』(ユビキタスタジオ)、『韓国「反日」の真相』(文春新書、アジア・太平洋賞特別賞)『新版 北朝鮮入門』(礒﨑敦仁との共著、東洋経済新報社)など多数。

＊日韓記者・市民セミナー　ブックレット５＊

東京2020　五輪・パラリンピックの顛末

併録　日韓スポーツ・文化交流の意義

2021年9月10日　初版第1刷発行

著　者――――谷口源太郎、寺島善一、澤田克己

編集・発行人―裵哲恩（一般社団法人ＫＪプロジェクト代表）

発行所――――株式会社 社会評論社

東京都文京区本郷2-3-10

電話：03-3814-3861　Fax：03-3818-2808

http://www.shahyo.com

装丁・組版―― Lunaエディット.LLC

印刷・製本――株式会社 プリントパック

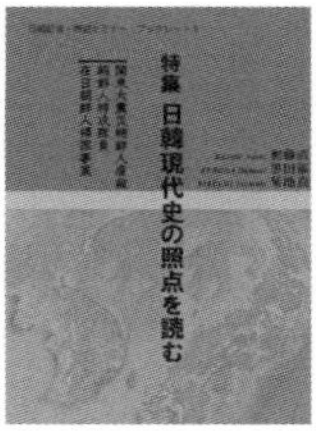

日韓記者・市民セミナー　ブックレット創刊号

『特集　日韓現代史の照点を読む』

加藤直樹／黒田福美／菊池嘉晃

Ａ５判　一一二頁　本体九〇〇円＋税

二〇二〇年八月一五日発行

コロナの時代、ＳＮＳによるデマ拡散に、虚偽報道と虐殺の歴史がよぎる中、冷え切った日韓・北朝鮮関係の深淵をさぐり、日韓現代史の照点に迫る。関東大震災朝鮮人虐殺、朝鮮人特攻隊員、在日朝鮮人帰国事業の歴史評価がテーマの講演録。

第２号

『ヘイトスピーチ　攻防の現場』

石橋学／香山リカ

Ａ５判　一〇四頁　本体九〇〇円＋税

二〇二〇年一一月一〇日発行

川崎市で「差別のない人権尊重のまちづくり条例」が制定され、ヘイトスピーチに刑事罰が適用されることになった。この画期的な条例は、いかにして実現したか？ヘイトスピーチを行う者の心理・対処法についての講演をあわせて掲載。

第３号

『政治の劣化と日韓関係の混沌』

纐纈厚／平井久志／小池晃

Ａ５判　一一二頁　本体九〇〇円＋税

二〇二一年二月一二日発行

政権はエピゴーネンに引き継がれ、学会へのあからさまな政治介入がなされた。改憲の動きと併せて、これを「〝新しい戦前〟の始まり」と断じることは誇張であろうか。日本学術会議会員の任命拒否問題を喫緊のテーマとした講演録ほかを掲載。

第４号

『引き継がれる安倍政治の負の遺産』

北野隆一／殷勇基／安田浩一

Ａ５判　一二〇頁　本体九〇〇円＋税

二〇二一年五月一〇日発行

朝日新聞慰安婦報道と裁判、混迷を深める徴用工裁判、ネットではデマと差別が拡散し、ヘイトスピーチは街頭から人々の生活へと深く潜行している。三つの講演から浮かび上がるのは、日本社会に右傾化と分断をもたらした安倍政治と、引き継ぐ菅内閣の危うい姿。

ブックレット創刊のことば

日韓関係がぎくしゃくしていると喧伝されています。連日のように韓国バッシングする夕刊紙、書店で幅を利かせる「嫌韓」本、ネットにはびこる罵詈雑言。韓流に沸いた頃には考えられなかった現象が日本で続いています。その最たるものが在日を主なターゲットにしたヘイトスピーチです。

一方の韓国。民主化と経済成長を実現する過程で、過剰に意識してきた、言わば目の上のたんこぶの日本を相対化するようになりました。若い世代にすれば、「反日」は過去の遺物だと言っても過言ではありません。支持率回復を企図して政治家が「反日」カードを切るパフォーマンスも早晩神通力を失うでしょう。

ことさらに強調されている日韓の暗の部分ですが、目を転じれば明の部分が見えてきます。両国を相互訪問する人たちは二〇一九年に一〇〇〇万人を超え、第三次韓流は日本の中高生が支えていると知りました。そこには需要と供給があり、「良いものは良い」と素直に受け入れる柔軟さが感じられます。

コリア（K）とジャパン（J）の架け橋役を自負するKJプロジェクトは、ユネスコ憲章の前文にある「相互の風習と生活を知らないことは、人類の歴史を通じて疑惑と不信をおこした共通の原因であり、あまりにもしばしば戦争となった」「戦争は人の心の中で生まれるものであるから、人の心の中に平和のとりでを築かなくてはならない」との精神に立脚し、日韓相互理解のための定期セミナーを開いています。

このブックレットは、趣旨に賛同して下さったセミナー講師の貴重な提言をまとめたものです。食わず嫌いでお互いを遠ざけてきた不毛な関係から脱し、あるがままの日本人、韓国人、在日の個性が生かされる多文化共生社会と、国同士がもめても決して揺るがない市民レベルの日韓友好関係確立を目指します。

二〇二〇年八月

一般社団法人 KJ プロジェクトは、会費によって運営されています。日韓セミナーの定期開催、内容の動画配信、ブックレット出版の費用は、これにより賄われます。首都圏以外からも講師の招請を可能にするなど、よりよい活動を多く長く進めるために、ご協力をお願いします。

会員登録のお問い合わせは、

▶ KJ プロジェクトメールアドレス cheoleunbae@gmail.com へ